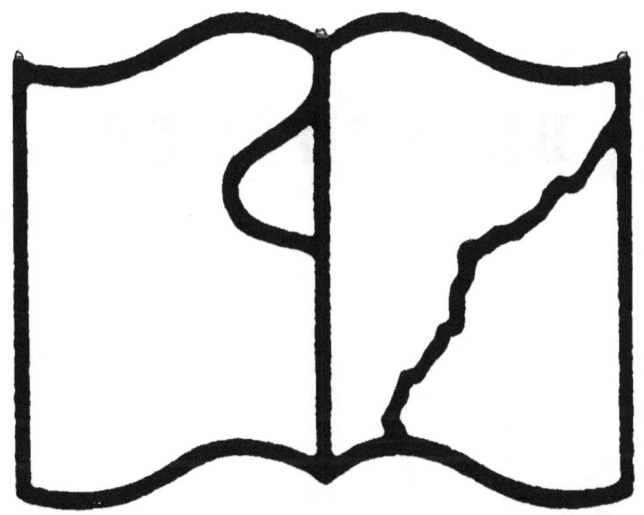

LES
BLASPHÈMES

EUGÈNE FASQUELLE, Éditeur, 11, rue de Grenelle

ŒUVRES DE JEAN RICHEPIN

Ouvrages publiés dans la **BIBLIOTHÈQUE-CHARPENTIER**
à **3 fr. 50** le volume

POÉSIE

La Chanson des Gueux.	1 vol.
Les Caresses.	1 vol.
Les Blasphèmes.	1 vol.
La Mer	1 vol.
Mes Paradis	1 vol.
La Bombarde.	1 vol.

ROMANS ET CONTES

La Glu.	1 vol.
Madame André	1 vol.
Miarka, la fille à l'Ourse.	1 vol.
Le Pavé	1 vol.
Braves Gens	1 vol.
Le Cadet	1 vol.
Truandailles	1 vol.
Cauchemars.	1 vol.
La Miseloque, choses et gens de théâtre.	1 vol.
L'Aimé.	1 vol.
Flamboche	1 vol.
Les Grandes Amoureuses	1 vol.
Contes de la Décadence romaine	1 vol.
Lagibasse	1 vol.
Contes espagnols	1 vol.

THÉATRE

Théâtre chimérique (27 actes en prose et en vers). . .	3 fr. 50
Par le Glaive, drame en 5 actes et 8 tableaux, en vers. In-8°.	4 fr. »
Nana-Sahib, drame en 7 tableaux, en vers. In-12 . .	2 fr. »
Le Flibustier, comédie en 3 actes, en vers. In-12 . . .	2 fr. »
Monsieur Scapin, comédie en 3 actes, en vers. In-12 . .	2 fr. »
Vers la Joie, conte bleu en 5 actes, en vers. In-8° . .	4 fr. »
Le Chemineau, drame en 5 actes, en vers. In-8° . . .	4 fr. »
La Martyre, drame en 5 actes, en vers. Édition in-8° . .	5 fr. »
— — — Édition in-18 . .	3 fr. 50
Le Chien de garde, drame en 5 actes. In-12	2 fr. »
Les Truands, drame en 5 actes, en vers. In-18 . . .	3 fr. 50
Don Quichotte, drame héroï-comique en 3 parties et 8 tableaux, en vers. In-18	3 fr. 50
Miarka, drame lyrique en 4 actes et 5 tableaux, dont un prologue, en vers. Musique d'Alexandre Georges. In-12. . .	1 fr. »
Le Chemineau, drame lyrique en 4 actes, en vers. Musique de Xavier Leroux. In-12	1 fr. »
La Belle au bois dormant, féerie lyrique en 14 tableaux, en vers (avec Henri Cain). Musique de Francis Thomé. In-18 .	3 fr. 50
La Beffa, drame en 4 actes, de Sem Benelli Transposition en vers français. In-18.	3 fr. 50

Dijon. — Imprimerie Darantiere.

JEAN RICHEPIN

LES BLASPHÈMES

NOUVELLE ÉDITION

PARIS
BIBLIOTHÈQUE-CHARPENTIER
EUGÈNE FASQUELLE, ÉDITEUR
11, RUE DE GRENELLE, 11

1916
Tous droits réservés

SONNET LIMINAIRE

Lecteur, si c'est pour rire un brin et te distraire
Que le désir d'avoir ce volume t'a pris,
Crois-moi, cours le revendre, et même à moitié prix;
Car ces vers ne sauraient t'amuser. Au contraire!

D'autres tiennent, dans la boutique littéraire,
Les joujoux, bibelots, articles de Paris,
Tous les brimborions « des Grâces et des Ris ».
C'est à ceux-là qu'il faut porter ton numéraire.

Ici, tes bons gros sous seraient mal dépensés;
Ici tu trouverais de sévères pensers
Qui doivent être lus ainsi qu'un théorème.

L'âpre vin que j'ai fait aux monts d'où je descends
N'est pas pour des palais d'enfants lécheurs de crème,
Mais veut des estomacs et des cerveaux puissants.

A *MAURICE BOUCHOR*

Mon cher Maurice,

Je te dédie ce livre des *Blasphèmes*, d'abord parce que tu es mon ami, et, en second lieu, parce que tu comptes parmi les rares esprits capables de le comprendre pleinement, même sans le goûter.

A part, en effet, quelques vastes et impartiales raisons qui le pourront digérer dans son ensemble, je ne sais guère, ou plutôt je ne sais que trop, comment il sera supporté par la plupart des lecteurs. Je doute que beaucoup de gens aient le courage de suivre, anneau par anneau, la chaîne logique de ces poèmes, pour arriver aux implacables conclusions qui en sont la fin nécessaire. Quand je passe en revue les diverses catégories d'opinions que j'attaque sans quartier, opinions souvent contraires entre elles, mais toutes unies contre moi, je me demande avec inquiétude à qui ma sincérité ne sera pas désagréable.

Avant tout, je vais scandaliser les dévots, les fidèles

d'une religion organisée, quelle qu'elle soit, et à leurs yeux je ne commets rien moins qu'un sacrilège en éventrant leurs idoles pour en montrer l'inanité. Derrière eux, s'insurgeront tous les Déistes plus ou moins déguisés, religiosâtres comme les autres sont religieux, adorateurs d'un Être suprême, d'une Conscience universelle, d'un Grand-Tout quelconque, depuis les Libres-Penseurs qui ne se raccrochent qu'à la ridicule trimourti du Vrai, du Beau et du Bien, jusqu'aux Panthéistes qui, à force de souffler dans la baudruche du Dieu impersonnel, la font crever à l'infini.

Malgré leur tolérance, les sceptiques s'irriteront de mes affirmations audacieuses; et je serai accusé d'impertinente métaphysique par les positivistes, ces ramasseurs de bouts de faits.

Les matérialistes eux-mêmes, ou du moins ceux qui se disent tels et qui sont assez inconséquents pour parler des causes et des lois, me trouveront criminel et dangereux, de remplacer ces causes par des hasards et ces lois par des habitudes.

Les hommes de science ne consentiront jamais à mépriser les formules des découvertes qui font leur gloire et à les considérer comme une pure logomachie.

Les bonnes gens sans prétention philosophique, mais qui se pavanent impérialement dans leur qualité d'homme et qui se donnent de l'encensoir à travers la figure, sous prétexte d'honorer la Raison, ces aimables déificateurs d'eux-mêmes, saigneront des coups que je porte à la suffisance humaine, et se révolteront en me voyant cracher dans leur stupide encensoir.

Les heureux ne me pardonneront pas de constater le néant des choses, ni les malheureux de couper toutes les fleurs de leurs rêves.

Pour m'achever enfin, la tourbe des sots et des hypocrites croira de son devoir de sauver le Droit, la Propriété, la Famille, la Société, la Morale, etc..., et, à la défense de ces conventions dont je ne reconnais point l'absolu, j'entendrai clabauder toutes ces oies du Capitole.

En vérité, tu le vois, mon cher ami, pour avoir été franc avec tout le monde, je risque fort de ne plaire à personne.

Mais qu'y faire? Faut-il donc se cantonner éternellement dans ces lâches compromis, dans ces doctrines bâtardes qui n'osent pas suivre toute la pente d'un raisonnement et qui s'arrêtent à moitié chemin, les pieds pris parmi des préjugés qu'on respecte sans y croire? Faut-il manquer de logique, comme ces dévots qui n'ont pas le courage de se faire martyrs, comme ces faux matérialistes qui honorent la vertu, comme ces incomplets sceptiques qui doutent de tout excepté de leur doute même? Non. J'ai préféré mener mes prémisses à leurs conclusions. Coûte que coûte, j'ai emboîté le pas à mon athéisme jusqu'au bout. Traquant l'idée de Dieu, je l'ai trouvée entourée d'une forêt d'autres idées adventices dans lesquelles j'ai dû porter la torche et la hache. Je n'ai point hésité. Certes, je l'avoue, je détruisais ainsi non seulement des superstitions grossières et odieuses, mais aussi de douces et belles illusions sur des autels abominables, je renversais des croyances souvent consolantes, la confiance dans la Justice, l'appétit de l'Idéal, l'admiration d'un Ordre éternel, et je foulais aux pieds cet unique trésor des misérables, l'espérance d'un avenir meilleur dans une autre vie et même ici-bas. N'importe! Partout où se cachait l'idée de Dieu, j'allai vers elle pour la tuer. Je poursuivais le monstre sans me laisser effrayer ni attendrir, et c'est ainsi que je l'ai frappé jusque dans ses avatars les plus subtils ou les plus séduisants, j'entends le Concept de Cause, la foi dans une Loi, l'apothéose de la Science, la religion dernière du Progrès. Voilà ce que j'ai fait, et, quelle qu'en doive être l'issue, je ne saurais m'en repentir.

Maintenant, que je sois jugé à tort et à travers, calomnié, vilipendé, voire persécuté, je n'en fais aucun doute, ni d'ailleurs aucun cas. Je m'attends à tous les malentendus volontaires ou non, et, d'avance, je me croise les bras devant toutes les haines.

Pourtant je ne demeure point sans tristesse en songeant à l'inimitié des gens de bonne foi, qui n'entreront pas en communion avec moi simplement par impuissance. Hélas! même parmi ceux qui me loueront, combien dénatureront mes idées en les accommodant à leurs partis pris! Même parmi ceux qui m'aimeront, combien peu oseront me suivre jusqu'au bas de cet escalier vertigineux qui conduit à l'épouvantable et serein nihilisme!

Mais il en faut faire son deuil! Après tout, je ne cherche pas ma joie dans le suffrage des timides ni des débiles; je la puise à la certitude d'avoir dit pleinement ce que j'avais dans la tête. Somme toute, je suis allé plus loin qu'on ne le fit jamais dans la franche expression de l'hypothèse matérialiste ; j'ai poussé à sa formule extrême cette théorie du monde sans Dieu, que personne n'a le courage d'étaler et que tous mettent secrètement en pratique ; je crois avoir dit le dernier mot de l'athée véritable ; je suis descendu au fin fond de ma pensée ; et cela suffit à mon orgueil.

Comme, toutefois, on ne jouit absolument de sa pensée qu'à la condition d'être compris, j'ai tâché de rendre la mienne aussi claire que possible, et je lui ai donné tout ce que je possède de passion, de raison, de poésie, tout ce que j'ai acquis de science dans mon métier de dompteur de mots.

J'espère donc, mon cher Maurice, que ce livre est bon ; et c'est avec cet espoir que je t'en offre la dédicace, comme un hommage à ta haute intelligence et comme un témoignage de notre inaltérable amitié.

Jean RICHEPIN.

P.-S. Lorsque je t'écrivis, il y a cinq ans, cette dédicace d'un livre alors inachevé, je me croyais bien sûr de trouver dans ton esprit fraternel un tranquille et doux refuge contre la haine et l'imbécillité des autres. Hélas ! voici qu'aujourd'hui cet asile même est fermé à mon espérance. Pendant que je persévérais dans mes idées, tu modifiais les tiennes. Tu avais subrepticement repris goût au mauvais vin de l'Idéal, des Illusions spiritualistes, de la Foi en l'éternelle Justice. Donc tu me considères maintenant, toi aussi, comme un malheureux aveugle empêtré dans la boue grossière des négations. Tu t'imagines m'avoir laissé en arrière, sans t'apercevoir que je n'ai pas bougé de place, tandis que tu zigzagues autour de moi en trébuchant dans ton ivresse mystique. Soit! Je ne t'en veux pas. C'est ton sang bleu qui t'est remonté au cerveau, ton sang d'Arya, ton pauvre sang vicié par six mille ans d'hérédité dévotieuse. Tu es redevenu idolâtre comme l'est tout notre vieux monde, en proie aux accidents tertiaires de la religiosité. Tant pis! Mais ta rechute ne saurait me décourager, ni m'empêcher de t'aimer non plus. Seulement, je ne chercherai désormais qu'en moi-même mes *templa serena*. Je m'envelopperai de plus en plus dans l'orgueilleuse solitude de ma pensée. Je continuerai mon œuvre sans autre désir que de m'y complaire. Cette œuvre, je la roule dans ma tête depuis plus de dix ans, et elle commence à prendre forme sous l'espèce de quatre livres, que je publierai successivement : *les Blasphèmes, le Paradis de l'Athée, l'Évangile de l'Antechrist, les Chansons éternelles*. J'essaie d'y établir à ma manière une morale, une métaphysique, une politique et une cosmogo de matérialistes. Aurai-je le loisir de mener à bonne fin cette terrible et chère besogne, au milieu des luttes, des orages, des passions, des aventures, où je laisse hardiment chanter, crier et saigner ma vie? Je ne sais; mais, quel que doive être le sort de cette œuvre, je ne puis oublier que je l'ai commencée la main dans la tienne. Souffre donc que je ne retranche rien aux lignes dans lesquelles je t'en offrais la dédicace. Et si tu mérites un châtiment pour la profonde tristesse que me cause ta conversion, puisses-tu le trouver dans la tolérance ironique qui me permet d'inscrire, toujours tendrement, ton nom de catéchumène sur cette Bible de l'Athéisme!

Blackroom, 28 janvier 1884.

PROLOGUE

Encore un siècle qui décline !
Et voici le vieux genre humain
Qui redescend une colline
Sans voir le bout de son chemin.
A chaque pas perdant un rêve
Comme un cheval fourbu qui crève,
Bien que l'existence soit brève
Les jours lui paraissent trop longs.
Car ils sont vides, somme toute.
Au dernier tournant de la route
A-t-il enfin lâché le doute,
Et savons-nous où nous allons ?

Nous avons bien à la matière
Filouté deux ou trois secrets;

La Nature, la reine altière,
Se laisse approcher de plus près
Nos esprits, quoique noyés d'ombres,
Ont su calculer quelques nombres
Et tirer d'un tas de décombres
De quoi faire un maigre tableau :
Oui, mieux que la race première,
D'une main sûre et coutumière
Nous nous servons de la lumière,
Du sol, de l'air, du feu, de l'eau;

Oui, puisant à l'intarissable,
Nous avons ramené du puits
Un seau plein de ces grains de sable
Que nous nommons des faits... Et puis?
Avec tous nos points de repères,
Te voyons-nous mieux que nos pères,
O fond, fond qui nous désespères,
Fond obscur, fond mystérieux?
Pour avoir fait glose sur glose
Nous croyons savoir quelque chose;
Mais la Cause de tout, la Cause,
Qui donc la tient devant ses yeux?

Qui donc va crier à ses frères :
« Voici les voiles arrachés !

Malgré les énigmes contraires
Voici le mot que vous cherchez!
Voici, fixe sous ma prunelle,
La loi stable, unique, éternelle,
Qui contient tout le monde en elle!
Voici le vrai! Soyez ravis!
Homme, tu peux enfin connaître
La raison sûre de ton être,
Quels destins réglés te font naître,
Où tu vas, et pourquoi tu vis! »

Qui donc doit parler de la sorte?
Où donc est-il, ce grand savant?
Où? Dans la foule? Qu'il en sorte!
Mais non! Tout reste ainsi qu'avant.
La nuit ne s'est pas éclaircie;
Et d'argutie en argutie,
Comme toujours, on balbutie
Sans trouver le mot qu'il faudrait.
O Science à chiffres futiles,
Sur l'univers que tu mutiles
Cueille des secrets inutiles!
Nous voulons l'éternel secret.

Vers l'inconnu, vers le mystère,
Invinciblement emportés,

Nous quitterions plutôt la terre
Pour chercher ailleurs des clartés;
Ce désir fou si fort nous ronge
Que nous aimons même le songe
Qui dans des lueurs de mensonge
Nous offre une aube de savoir.
O Cause, ô sphinx, ô toi qui mènes
Nos pauvres cervelles humaines,
Sous le tas noir des phénomènes
C'est toi que notre cœur veut voir.

Mais nous avons beau dans l'espace
Tendre nos bras, croiser nos mains,
Croire qu'après le jour qui passe
Viendront de meilleurs lendemains,
Pousser au ciel des cris d'alarmes
Ou le menacer de nos armes,
Ou tenter à force de larmes
D'user sa porte en diamant;
Vains efforts et peine perdue!
Rien ne répond dans l'étendue,
Et la nuit partout répandue
Toujours nous couvre obstinément.

Et voilà pourquoi l'implacable
Et lourd ennui s'installe en nous.

PROLOGUE

Voilà le poids qui nous accable
Et nous fait choir sur les genoux.
Voilà pourquoi l'âme qui plie
Sent une âpre mélancolie
Au seuil d'une époque abolie
Et d'un nouveau siècle. O penser
Qui la désole et la torture!
Elle voit dans l'heure future
La même inutile aventure
Qu'il faut encor recommencer.

C'est alors qu'on perd tout courage,
Qu'on va dans le spleen s'affaissant,
Ou qu'on s'emporte et qu'on enrage
A se reconnaître impuissant.
Et l'un blasphème et l'autre pleure,
Et, sachant que tout n'est qu'un leurre,
L'homme écoute s'écouler l'heure
Qui tombe à l'éternel égout,
Et, plus stupide qu'une borne,
Immobile, muet et morne,
Devant la vie et ce qui l'orne
Il ne sent plus que du dégoût.

Oui, le printemps, le ciel, la rose,
Les oiseaux grisés au réveil,

Les prés que la lumière arrose,
L'arbre flambant dans le soleil,
Les châteaux du nuage vague,
Les rires du vent qui divague,
Les baisers perlés que la vague
Donne au roc son amant vainqueur,
Les fruits d'or plus frais que la menthe,
Les viandes que le feu pimente,
La pourpre saignante et fumante
Des raisins exhalant leur cœur,

La musique qui dans les moelles
Vous coule d'énervants frissons,
Le profond regard plein d'étoiles
De celle que nous chérissons,
Oui, même cette étrange ivresse
Que verse en nous une maîtresse
Quand sa bouche ardente se presse
Sur notre bouche qui la mord,
Oui, jusqu'à cette heure bénie
Où l'on croit que l'on communie
Au fond d'une extase infinie
Prête à se fondre dans la mort,

Oui, tous les plaisirs de ce monde,
Tous les biens qui nous sont donnés,

Au souffle de ce spleen immonde
Se pourrissent empoisonnés;
Même avant la première goutte
Tout breuvage offert nous dégoûte,
Nous dont l'oreille absurde écoute
L'ancien rêve en le regrettant;
Toutes voluptés sont amères
A nous qui cherchons ces chimères :
L'absolu dans les éphémères
Et l'éternité dans l'instant.

Donc, ô mes frères, pauvres hommes,
En vérité je vous le dis,
La fin de siècle que nous sommes
N'est pas encor le paradis.
Les religions disparues
Ne font plus de jeunes recrues;
On ne voit plus d'âmes férues
Pour les croyances d'autrefois;
D'autre part, nul ne se révèle
Qui plante dans notre cervelle
La fleur de quelque Foi nouvelle
Sur le fumier des vieilles Fois.

Peut-être il valait mieux encore
Vivre dans ces temps bienheureux

Que leur ignorance décore
Et qui croient tout créé pour eux,
Où les âmes endolories
S'endorment dans des menteries
Pleines d'illusions fleuries
Qui font les jours délicieux.
Mais hélas! qu'y pouvons-nous faire?
Quoi qu'on désire ou qu'on préfère,
Nous vivons dans une atmosphère
Où tout dit le néant des cieux.

Aussi sur nos fronts une ride
Creuse-t-elle un funèbre pli,
Quand nous sentons la cendre aride
Dont notre cœur froid est rempli.
Car malgré tout, au fond de l'âme,
Je ne sais quoi toujours réclame
Un peu de lumière et de flamme,
Du jour, de l'air, quelques rayons.
Non, rien! L'ombre épaissit ses ondes
Aussi noires, aussi profondes,
Et nous jetons en vain des sondes
Dans ce gouffre où nous nous noyons.

Jetons-les quand même, n'importe!
Cherchons, espérons du nouveau.

Au seuil de l'inouvrable porte
Cognons des poings et du cerveau.
Pour moi, jusqu'à ma suprême heure,
Farouche, entêté, j'y demeure.
C'est là qu'il faudra que je meure,
Là, devant l'obstacle abhorré,
Devant l'éternelle barrière ;
Et par menace ou par prière
Je veux l'ouvrir, et si derrière
Il n'y a rien, je le saurai.

I

LA VIE

LA VIE

Ah! ne me parlez pas du printemps! Zut! Assez!
Je le sais parbleu bien, que les froids sont passés,
Que ma fenêtre close au soleil s'est ouverte,
Et que les cieux sont bleus, et que la terre est verte,
Et que l'hiver nous lègue Avril en s'en allant,
Et que le Temps, ce vieux cabotin sans talent,
Ainsi que l'an dernier va reprendre son rôle
Sempiternel! Et puis après? Comme c'est drôle
De revoir ce ténor aux culottes d'azur,
Roucouleur de chansons aigres comme un fruit sur!
Assez! Maudit soit-il, cet Avril mirliflore,
Où l'oiseau veut aimer, où la fleur veut éclore,
Où la terre et le ciel se disent des fadeurs
Comme un couple gâteux des birbes cascadeurs!

Oh ! quel écœurement ! Toujours la même chose,
Toujours le même effet suivant la même cause,
Toujours les mêmes vers dans le même décor,
Et le dégoût de ça ne vous prend pas encor !
Vous savez ce que c'est que cette bacchanale
De la vie, une fête imbécile et banale
Où les masques dansants ont l'air de condamnés,
Où des larmes de deuil coulent sur les faux nez,
Où les moins soucieux et les plus joyeux drilles
S'arrêtent pour bâiller au milieu des quadrilles,
Où l'orchestre est mené par ce maître aux yeux morts,
L'Ennui, le pâle Ennui, qui mêle sans remords
Au chant des violons et des violoncelles,
Aux soupirs des hautbois, aux rires des crécelles,
Aux fanfares d'orgueil des cuivres éclatants,
Le glas funèbre et sourd de l'horloge du Temps ;
Vous savez ce que c'est que ce bal de fantômes
Où l'humanité roule ainsi qu'un tas d'atomes
Tourbillonnant sans but dans un rais de soleil ;
Vous savez qu'aujourd'hui va s'écouler pareil
A ce que fut hier, que demain doit ensuite
Répéter d'aujourd'hui la monotone fuite ;
Vous savez qu'on n'a rien de plus en attendant,
Que tout passe et que rien ne change cependant,
Que ce monde à l'aspect mobile, est immobile ;
Vous savez quels hoquets de spleen, quels flots de bile

Va soulever en vous l'heure qui vient, chantant
Qu'il faut recommencer à s'ennuyer d'autant;
Vous savez ce que c'est que cette maladie
Noire de l'existence où rien ne remédie;
Vous savez qu'il n'est pas d'espoirs, pas de regrets
Qui puissent amener cet imprévu : qu'après
Ne soit pas tel qu'avant, tous deux aussi moroses ;
Vous savez que les faits, les êtres et les choses
Sont vieux, même n'étant pas encore arrivés ;
Vous savez ce que c'est que vivre, et vous vivez !

✶

    Ainsi, sur le déclin des âges,
    L'homme en proie aux sombres présages,
    Morne comme un aigle au perchoir,
    N'espérant plus rien qui l'étonne,
    Au fond de l'ennui monotone
        Se laisse choir.

Aussi loin que va sa pensée
Elle s'est partout élancée
Loin du sol aux senteurs d'égout;

Mais l'abeille, allant aux chimères,
N'a puisé dans ces fleurs amères
  Que le dégoût.

Rentrée à la ruche, elle songe
Qu'elle n'a trouvé que mensonge
Dans les jardins fanés du ciel;
Et de son butin inutile
Dans son cœur triste elle distille
  Ce triste miel.

Elle avait cru sur leurs paroles
Ceux qui disent que les corolles
Sont pleines de parfums subtils,
Et qu'on peut au fond des calices
Changer en sucs pleins de délices
  L'or des pistils.

Et joyeuse, se sentant libre,
Elle avait dans l'air bleu qui vibre
Pris l'essor sans peur du péril,
Pour aller voir les fleurs décloses
Et cueillir aux lèvres des roses
  L'âme d'Avril.

Elle volait, l'aventurière,
Cherchant l'idéal, la prière,
Le beau, le vrai, la foi, l'amour;
Comptant après sa moisson faite
Trouver toute la ruche en fête
    De son retour

Mais elle a fini sa volée
Dans une lande désolée
Aux rocs aigus, aux fleurs de mort,
Où poussent le buis et la câpre,
Où l'ombre tombe, où la bise âpre
    Siffle et vous mord.

Ses sœurs s'en retournaient comme elle,
Et tourbillonnaient pêle-mêle
Sous un ciel bas, couleur de mer,
Et dans la ruche abandonnée
Ne rapportaient de leur journée
    Qu'un miel amer.

Maintenant elle est revenue,
Lasse des fleurs et de la nue,
Sur le sol aux senteurs d'égout,

Et rumine avec des nausées
Les cires qu'elle a composées
De son dégoût.

✸

Non, ne me parlez pas du printemps, de la vie
Qui sourd, jaillit, déborde, et vomit son orgueil !
Parlez-moi de l'hiver calme, qui vous convie
A rester immobile ainsi qu'en un cercueil.

O bon hiver, c'est sous tes caresses funèbres
Que s'éveillent les vœux où nous nous complaisons,
Saison de mort, saison pleurant dans les ténèbres,
Saison portant le deuil des joyeuses saisons.

Avril nimbé de fleurs, Juillet casqué de flamme,
Septembre chevelu de pampres, sont trop gais.
Il nous faut un ciel noir comme nous avons l'âme,
Et des champs aussi nus que nos cœurs fatigués.

Il nous faut l'horizon lourd de neige et qui crève
En flocons de charpie au vol silencieux,

Charpie où s'emmaillotte et s'endort notre rêve,
Comme un enfant blessé dont on ferme les yeux.

Ah ! notre rêve, c'est de voir ton avalanche,
O neige, ensevelir tout espoir, tout remord.
Tombe ! Lorsque la terre est morne et toute blanche
Nous nous imaginons que l'univers est mort.

O joie ! ô joie ! Après tant de métamorphoses,
La Nature, à la fin, sentant son ventre las
D'entretenir la vie et d'enfanter les choses,
Aux germes à venir a donc sonné le glas !

Elle ne veut plus voir vers le lac de sa bouche
Haleter les Hasards, son troupeau de maris.
A leur rut méprisé sa matrice se bouche.
Elle croise ses bras sur ses tétons taris.

Puis, de l'immensité se faisant une tombe,
Elle s'y couche, les yeux clos et les pieds joints,
Et, drapée au linceul de la neige qui tombe,
Éteint tous les soleils pour mourir sans témoins.

Et maintenant, plus rien de vivant ne s'élance,
Ne s'agite, ne va, ne vient, en se créant.

Tout est fini. Tout gît dans un obscur silence.
Le cadavre du monde est en proie au néant.

★

Hélas! à quoi bon cette envie?
En vain le désir fou te mord
De t'évader hors de la vie :
On ne peut pas trouver la mort.
Partout la vie est répandue.
Aussi loin que va l'étendue,
Cherche comme une enfant perdue
Cette mort que ton cœur rêva ;
Partout, de l'astre à l'étincelle,
Partout la vie universelle
Se fond, tourbillonne et ruisselle,
Et tout passe et rien ne s'en va.

La vie elle-même s'enfante.
La mort n'est qu'un éclair qui joint
Une existence à la suivante.
On se transforme, on ne meurt point.
Vois-tu cette vague inconnue!
Demain, qu'est-elle devenue?

LA VIE

Un flocon de la vaste nue,
Une vapeur qui flotte au vent.
Elle s'étend, se perd, s'efface;
Tu crois qu'il n'en reste plus trace;
Mais dans tous les coins de l'espace
Est un lambeau d'elle, vivant.

Mort apparente et transitoire!
Tu la croyais morte, et voici
Qu'elle revit. C'est notre histoire :
De morts la vie est faite ainsi.
Chaque instant est un grain qu'on sème.
Tout devient tout. Et qui sait même,
Quand on veut, qu'on pense, qu'on aime,
Si le mot qu'on jette et qui fuit
Ne va pas par bribes fécondes
De l'éther ébranler les ondes
Et dans la genèse des mondes
Mêler aux atomes son bruit?

Fils de la mère au large ventre,
Tu ne peux éviter ton sort.
Si tout ce qui sort d'elle y rentre,
Ce qui rentre aussitôt ressort.
Va, pauvre homme qui vis en elle,

La vieille Gigogne éternelle
Sur sa bedaine maternelle
N'a pas encor croisé ses bras.
N'espère pas que, lèvres closes,
Dans la mort jamais tu reposes.
Au milieu des métamorphoses
Immortellement tu vivras.

Rien ne repose. La matière
N'a pas un point qui soit en paix.
Elle est en proie, et toute entière,
O Vie, à toi qui t'en repais.
La Vie implacable et moqueuse
Nous enlace et nous tient, la gueuse,
Et nous fait en ronde fougueuse
Danser des galops essoufflants.
Ce n'est pas la Camarde glabre
Qui conduit la danse macabre;
C'est une fille qui se cabre,
Le sang aux yeux, le rut aux flancs

Passez, valsez! La ronde immense
Tourne sans bords et sans milieu,
Ainsi qu'une roue en démence
Ayant pour cercle son moyeu.

LA VIE

Passez, valsez ! Toujours ! Encore !
La fille que son feu dévore
Souffle dans un clairon sonore
A pleins poumons jamais lassés.
Passez, valsez ! Elle, éperdue,
Bondit à travers l'étendue,
Tétons raidis, croupe tordue,
Le ventre en l'air. Valsez, passez !

Passez, valsez ! L'espace est large.
Le temps est long. On crie : assez !
Mais le clairon sonnant la charge
Ne se taira jamais. Passez !
Passez, valsez ! La voix de cuivre
Chante et ricane. Il faut la suivre
Il faut vivre, vivre et revivre.
Rien, nulle part, ne reste coi.
O flots de l'éternelle houle,
La Vie est une putain soûle
Qui dans l'infini hurle et roule
Sans savoir comment ni pourquoi.

SONNETS AMERS

SONNETS AMERS

PRÉLUDE

Pas de roses dans les corbeilles ;
Pas de muguets dans les forêts !
Mes essaims de noires abeilles
N'ont butiné que les cyprès ;

Et de leurs larmes condensées,
Tandis que soufflait l'âpre hiver,
Dans la ruche de mes pensées
Elles ont fait ce miel amer.

I

TES PÈRE ET MÈRE...

Voici la chose! C'est un couple de lourdauds,
Paysans, ouvriers, au cuir épais, que gerce
Le noir travail; ou bien, *des gens dans le commerce*,
Le monsieur à faux-col et la vierge à bandeaux

Mais, quels qu'ils soient, voici la chose. Les rideaux
Sont tirés. L'homme, sur la femme à la renverse,
Lui bave entre les dents, lui met le ventre en perce.
Leurs corps, de par la loi, font la bête à deux dos.

Et c'est ça que le prêtre a béni! Ça qu'on nomme
Un saint mystère! Et c'est de ça qu'il sort un homme
Et vous voulez me voir à genoux devant ça!

Des *père et mère*, ça! C'est ça que l'on révère!
Allons donc! On est fils du hasard qui lança
Un spermatozoïde aveugle dans l'ovaire.

II

LE BON TEMPS

Je ne regrette pas mon enfance. Les jours
Du collège me sont un souvenir morose :
Leçons, devoirs, pensums, haricots et chlorose,
Et l'ennui qui suintait aux quatre murs des cours.

Je ne regrette pas ma jeunesse. Bien courts
Ces temps de poésie, et qui meurent en prose !
Toujours la dent gâtée est sous la lèvre rose,
Et le pire dégoût suit les meilleurs amours.

Je ne regrette pas non plus l'heure bénie
Où j'espérais la gloire à force de génie.
C'est là semer son cœur pour récolter du vent.

Je regrette le temps où, sans vœu, sans chimère,
Sans penser, végétant encore et non vivant,
Je n'étais qu'un fœtus au ventre de ma mère.

LES BLASPHÈMES

III

ANALYSE

O larmes, où s'en vont se noyer nos rancœurs,
Comme un ciel orageux, grondant, couleur de suie,
Chargé de foudre, et qui soudain se fond en pluie;
O larmes, ô la plus suave des liqueurs,

Quand un amant vous boit sous ses baisers vainqueurs
Ainsi que le soleil après l'averse enfuie
Boit l'arc-en-ciel dans les nuages qu'il essuie;
O larmes, diamants qui tombez de nos cœurs

Comme l'eau du matin tombe des fleurs brisées;
Vauquelin et Fourcroy vous ont analysées,
O larmes; et dans leurs creusets, sur leurs réchauds,

Ils ont trouvé ceci, tel que je vais l'écrire :
Eau, sel, soude, mucus et phosphate de chaux.
O larmes, diamants du cœur !... Laissez-moi rire!

IV

DIAGNOSTIC

Le front est balafré de plis. Les yeux ardents
Flambent de fièvre et sont noyés de pleurs La bouche
Fait un trou noir, béant, plein de bave et farouche,
Où la langue ballotte, où se cognent les dents.

Le ventre convulsé s'enfle, rentre en dedans,
Puis ressort, bossué de nœuds comme une souche ;
Et les poumons, crachant le spasme qui les bouche,
S'essoufflent par la gorge en cris durs et stridents.

Mais quel est donc ce mal, ce coup d'épilepsie
Où l'on râle, écumant, la cervelle épaissie,
Les sens perdus, les nerfs détraqués, où la chair

Semble un poisson vivant dans une poêle à frire ?
Hélas ! Ce mal, c'est notre ami, c'est le plus cher,
C'est le consolateur des hommes, c'est le Rire.

AMOURS PURS

Ainsi que sur un trône un empereur s'installe,
Quand arrive l'Amour dans le cœur des amants,
Il s'assied, cuirassé d'or et de diamants,
Et tout ensoleillé de pourpre orientale.

Mais cette Majesté bientôt devient brutale.
Il gueule, il bâfre, il boit de grands pots écumants,
Tant qu'il se soûle, et jette enfin ses vêtements,
Et dans ce cœur, ainsi que dans un lit, s'étale

Puis ce monarque altier, cet ivrogne fougueux,
S'en va le lendemain, sale et nu comme un gueux,
Crever hideusement au coin de quelque borne.

Et le cœur qui fut lit, et trône, et presque autel,
Reste à jamais souillé, délabré, flasque et morne,
Semblable au canapé d'une chambre d'hôtel.

VI

AMOURS IMPURS

Ma foi ! je ne sais plus sur quel air ça commence.
Mais le refrain bissé m'a fait pleurer un jour.
On ne meurt pas d'amour, on ne meurt pas d'amour.
Dit cette lamentable et stupide romance.

C'était dans un bocart. Les filles en démence,
Soûles, tristes, chantaient un couplet tour à tour ;
Et, mouillés de leurs pleurs, ces vers de troubadour
Voguaient à l'idéal d'une envergure immense.

On ne meurt pas d'amour ! Tant pis, mon pauvre cœur !
O douceur, de noyer là dedans sa rancœur !
Un plongeon ! L'Océan vous couvre, et tout s'efface.

Mais ce vaste Océan que mon cœur demandait,
N'a pas même assez d'eau pour m'y laver la face.
On ne peut se noyer, pourtant, dans un bidet !

VII

AMOURS FOUS

Amants, enlacez-vous d'une étreinte farouche !
Serrez, à les broyer, vos seins contre vos seins !
Comme un couple noué de serpents abyssins,
Collez-vous peau à peau, mordez-vous bouche à bouche !

Cherchez à vous manger le cœur ! Touche qui touche !
Que vos hoquets d'amour soient des glas de tocsins !
Que vos yeux, flamboyants de désirs assassins,
Fassent un chaud creuset du creux de votre couche !

Amants, abîmez-vous l'un dans l'autre ! Mêlez
Vos regards éperdus, vos crins échevelés,
Vos salives, vos pleurs, vos sueurs ! Impossible !

Vous voulez, avec deux êtres, faire un seul moi ?
Vous vous traverserez sans rencontrer la cible.
Vous vous consumerez sans vous fondre... Alors, quoi ?

VIII

LES IVRESSES

S'intoxiquer?... Sans doute. Oui, c'est la seule joie
On oublie. On voit rose. A moi, noir bataillon
Des bouteilles, au chef casqué de vermillon!
Roulez dans vos flots d'or ma douleur qui se noie.

A moi, l'absinthe, où dans un ciel vert je tournoie
Avec des ailes, plus léger qu'un papillon;
Le haschisch qui parmi des bruits de carillon
Papillote mon cœur comme un papier de soie;

L'opium ténébreux qui sous ses baisers lourds
Me berce dans des lits de brumes en velours;
Venez à moi, vous tous qui consolez de vivre!

Oh! demeurer ainsi toujours! Je bois, je bois.
Encor! Oui, mais demain, je ne serai plus ivre;
Demain, mal aux cheveux, et la gueule de bois!

IX

LES IDÉES

O rêves, bulles d'or qui brusquement vidées
Se crèvent en eau sale au bout des chalumeaux!
On part tout amoureux, soûlé du vin des mots,
Au pays chimérique où dansent les Idées.

Mais, ô belles Houris, célestes Haydées,
Quand on pense à deux mains tenir vos seins gémeaux
On n'a plus sous les doigts que d'antiques chameaux
Dont la tétasse pend sur des cuisses ridées.

Pouah! de quelle nausée alors on se sent pris!
On est comme un puceau qui la veille, étant gris,
Raccroché, monte avec quelque fille trapue,

Se croit don Juan auprès d'Elvire, et, le matin,
Parmi l'air fade et lourd d'une chambre qui pue,
S'éveille en vomissant dans un lit de putain.

X

SAVOIR

Et pourtant, ces catins immondes, les Idées,
On les engrosse pour engendrer le Savoir.
Femmes à falbalas, servantes de lavoir,
Malgré leurs pis tombants, leurs paupières bridées,

Leurs peaux, par la sueur ou le fard oxydées,
Même gâteuses, et crachant sur un bavoir,
Qu'importe ! Chacun veut à son tour les avoir,
Ces salopes que tout le monde a possédées.

Car de leur ventre abject doit naître, triomphant,
Le fils de notre esprit, le radieux enfant,
Le Savoir, l'Héraclès qui, pénétrant dans l'antre

Du Doute, égorgera le vieux monstre assailli.
Quand donc ? En attendant, nous crevons sur ce ventre
D'où l'enfant radieux n'a pas encor jailli.

XI

LA TOUR DE BABEL

Plus haut! Dressons toujours plus haut ces hauts piliers!
Après les tours, encor des tours! Sur la terrasse,
Des terrasses! Vieux ciel dont l'infini m'embrasse,
Déjà ma main t'insulte en gestes familiers.

Des rampes, des arceaux, des piliers par milliers!
Plus haut! Montons toujours! Chaque homme! Chaque race!
Et bientôt l'on verra pour y laisser leur trace
Sur la vitre d'azur les clous de nos souliers.

Mais en vain notre orgueil armé de patience
Entasse sans repos et l'art et la science.
A mesure que nous montons, le ciel s'enfuit!

Et nous retombons las, vaincus, meurtris, exsangues,
Sous Babel qui s'écroule et sous l'horrible nuit
Où nous nous égorgeons dans le chaos des langues.

XII

LE HALEUR

Oui, la mort est une arche au sein de ce déluge.
Comme dit la chanson, une fois là dedans
C'est pour longtemps, on est exempt du mal de dents,
De la potence et du carcan. C'est un refuge.

Pourtant, ne plus avoir mon cri dans le grabuge,
Ne plus lutter avec les mystères grondants
Du monde, dont les lois, les faits, les accidents,
Tremblent, obscurs, devant mon œil clair qui les juge ;

Avouer ma défaite et coucher au cercueil
Ce moi si fier, armé d'un indomptable orgueil ;
Non, je ne puis ! Fuyons cette porte d'auberge !

Haleur de l'infini, je hale jusqu'au bout,
Et, quand viendra mon tour de tomber sur la berge,
Je veux mourir dans un dernier effort, debout.

XIII

L'AUBERGE

Pauvre fou, que torture un désir implacable ?
Amour-propre imbécile et stupide fierté !
Ainsi, c'est pour cela qu'il n'est pas déserté
Ce travail de haleur sans repos qui t'accable !

C'est l'orgueil d'expliquer demain l'inexplicable
Qui te retient ! Au lieu d'avoir tant disserté,
Que n'as-tu reconquis d'un coup ta liberté
En desserrant tes doigts qui saignent sur le câble ?

Les autres haleraient toujours. Toi, maintenant,
Dans l'auberge tranquille ouverte à tout venant
Tu dormirais. Eh bien ! Que t'importent les autres,

Et leur labeur stérile et leurs devoirs remplis,
Si, tandis qu'ils sont pleins d'angoisses, tu te vautres
Dans le lit de la Mort aux draps frais et sans plis ?

XIV

LA MORT IMPOSSIBLE

Bah ! Se tuer ! Et puis ? Soit, si l'on détruisait
Quelque chose. Mais prendre une attitude altière
Pour disjoindre un moment quelques grains de matière,
C'est là métier de dupe et jeu de marmouset.

Car ces atomes joints dont on se composait
Se retrouvent ailleurs avec leur force entière.
Tout rentre en tout. Ton sein n'est pas un cimetière,
O Nature, mais bien un éternel creuset.

Les Soleils primitifs aux ardeurs fabuleuses
Qui, tout gonflés du sang fumeux des Nébuleuses,
Dispersent dans l'espace en paquets rayonnants

Leurs gouttes de semence où vont germer les Mondes,
Eux-mêmes ils ne sont que d'ignobles Onans
Qui doivent ravaler un jour leurs jets immondes.

XV

VERS LE MYSTERE

Donc, il faut demeurer ici, pauvre grison
Forcé de paître dans le cercle de ta longe.
Sans doute les chardons en fleurs où ton nez plonge
Sont doux, et doux aussi les baisers de Lison;

Mais tu n'en es pas moins à l'attache, en prison;
Et quand la corde pèse à ton jarret qui flonge,
Mélancoliquement tu brais, ton col s'allonge,
Et ton regard mouillé se perd à l'horizon.

Que vois-tu, qu'aimes-tu parmi ces lointains vagues
Où vogue un soleil d'or qui fend de vertes vagues?
Tu n'en sais rien. Tu sais que tu voudrais partir.

Et nous aussi, captifs au cercle de la terre,
Quelques biens que le sort puisse nous départir,
Nos yeux désespérés pleurent vers le mystère.

XVI

DÉSIR D'INFINI

Tous, l'amant qui dans un baiser verse son âme,
Le grand lis qui jaillit vers le soleil levant,
L'oiseau de mer qui plane et se soûle de vent,
Le martyr qui se jette en chantant dans la flamme,

Le cerf qui, fou de rut, vers les étoiles brame,
Le lion accroupi dans sa cage et rêvant,
Le poète assoiffé de rhythme, le savant
Qui dans l'obscur coït d'un problème se pâme,

Tous, un pareil désir, souvent à leur insu,
Les travaille, et, toujours pareillement déçu.
Il demeure quand même à jamais implacable.

O désir d'infini, malgré tout persistant !
Hélas ! il nous soutient autant qu'il nous accable.
On en meurt, et la vie en est faite pourtant.

XVII

LE PAYS DES CHIMERES

Où je vais ? Au pays fabuleux des chimères,
Vers les cieux enchantés où les âmes en fleurs
Sont divins rossignols et non merles siffleurs,
Où nulle volupté n'a de rancœurs amères,

Où l'on ne connaît point les plaisirs éphémères
Que suivent pas à pas les regrets querelleurs,
Où l'amour toujours calme ignore les pâleurs,
Où les femmes sont plus câlines que des mères.

Où je vais ? Au pays du repos éternel,
Où le cœur, cessant d'être idéal et charnel,
N'est plus comme un blessé que chaque effort mutile.

Où je vais ? Au pays des rêves superflus,
Au pays dont l'espoir, hélas ! est inutile.
Je sais bien qu'il n'est pas ; je l'en aime encor plus.

XVIII

IMPUISSANCE

Et dire que, la nuit m'empêtrant de ses voiles,
Je peux la déchirer de feux en mille trous,
Que je peux éventrer les vagues en courroux,
Debout sur un cheval de bois ailé de toiles,

Que je peux, sans avoir un frisson dans les moelles,
Tenir du ciel entier les monstrueux écrous,
Et sous mes calculs sûrs comme sous des verrous
Emprisonner le tas fourmillant des étoiles !

Et dire que cela, si grand, n'est rien encor,
Et que je peux aussi, refaisant le décor
Du monde, imaginer une énigme nouvelle,

Et la résoudre, et lui donner mon sceau vainqueur !
Dire que tout cela palpite en ma cervelle,
Et que je ne sais pas le secret de mon cœur !

XIX

LA SOIF DE QUOI?

Et quand j'aurai comblé mes vœux à mon loisir,
Quand j'aurai tout goûté, vertu, passion, vice,
Quand mon esprit blasé ne sera plus novice
Devant aucun remords, devant aucun plaisir,

Quand je ne saurai plus rien de neuf à saisir,
Rien qui m'illusionne et rien qui me ravisse,
Quand tous les imprévus seront à mon service,
Croyez-vous que mon cœur n'aura plus de désir?

Hélas! faites de moi la Force Souveraine
Sachant jouir de tout sans qu'un dégoût la prenne,
Que mes vœux pour esclave aient l'absolu pouvoir,

Et, sûr d'être obéi quelque rêve que j'ose,
Je serai las de tout avant de rien avoir,
Et, sans savoir de quoi, j'aurai soif d'autre chose.

XX

MANGEURS D'IDÉAL

Ce qui flétrit nos cœurs et les trempe de fiel,
C'est le besoin de voir l'invisible Substance.
Il faudrait simplement jouir de l'existence
Et, sans l'analyser, en savourer le miel.

Mais nous lui préférons ce mets artificiel,
L'Idéal, où toujours notre fringale intense
S'épuise en appétits au bord de la pitance.
La Terre est à la fois si près, si loin du Ciel!

De nous rassasier quand viendra l'heure heureuse?
Cependant qu'affamés de cette viande creuse
Nous haletons, le miel, le bon miel, coule et fuit,

Et nous n'avons, des deux pâtures, pas plus l'une
Que l'autre. Tel un chien qui jeûne dans la nuit,
Ayant perdu son os pour japper à la lune.

XXI

LES VRAIS SAVANTS

Cet aveugle béat sous sa porte cochère,
Ce môme qui d'un pas rhythmé suit les tambours,
Ce gas de ferme qui, tout suant des labours,
Au revers d'un fossé culbute une vachère,

Ce gniaffe dans son trou, ce prêtre dans sa chaire,
Ce chaudronnier errant qui va de bourgs en bourgs,
Ce joueur de piquet qui fait des calembours,
Tous ces simples dont la cervelle est en jachère,

Comme ils ont l'air heureux de n'avoir rien compris !
Sans doute, être idiot, c'est payer d'un bon prix
Ce bonheur-là. Mais quoi ! Si l'instant les enivre,

S'ils ont l'art d'en jouir sans se mettre en émoi,
Au moins ont-ils goûté la volupté de vivre ;
Et c'est eux les savants ; et l'idiot, c'est moi.

XXII

BANCO

Et si Pascal avait raison? Si le problème
Se résumait dans un pari toujours ouvert?
Allons, asseyons-nous, pour voir, au tapis vert.
Diable! Je sens mes doigts tremblants et mon front blême.

C'est qu'il ne s'agit pas de rire! Le dilemme
Est grave. Car le gain dont l'espoir m'est offert,
C'est l'éternité ; mais je joue à découvert
Mon ici-bas. Ce n'est qu'un sou. Soit! Mais je l'aime.

Un tas de milliards, monstre, au chiffre inconnu,
Voilà ce qu'on promet. Mais nul n'est revenu
Me dire si l'on gagne et si le banquier paye.

A-t-on vu quelque part un gagnant? Pas d'écho.
Tout le monde s'en va dégarni de monnaie.
N'importe! Asseyons-nous au tapis vert... Banco!

XXIII

BANQUEROUTE

L'invisible banquier qui prend notre pécune
A ce tripot du monde est un pipeur de dés.
Cependant que, pensifs, sur la table accoudés,
Obstinés à boucher sans cesse une lacune,

Nous cherchons une marche et n'en trouvons aucune
Malgré nos yeux rougis et nos crânes ridés,
Lui, ramasse jusqu'aux vieux bas que vous videz,
Décavés éternels perdant tout sans rancune.

Ah ! si nous amenions, par une erreur du sort,
Le point vainqueur et qui pour nous jamais ne sort,
Le point divin, le point qui fait sauter la banque !

Mais si nous l'amenions, ce serait pis. Béant,
Le coffre apparaîtrait sans fonds. Car tout y manque,
Et le banquier lui-même est l'ombre du néant.

XXIV

ALORS?

Si les doux souvenirs d'enfance, si les larmes
Exquises de l'amour, si l'orgueil du devoir,
Si le désir furtif de voler le savoir,
Si l'âpre volupté de la lutte et des armes,

Si le sommeil épais, ignare, exempt d'alarmes,
Si le bonheur d'avoir des yeux pour ne point voir,
Si le rire, si rien enfin n'a de pouvoir
Sur nos cœurs, si la mort elle-même est sans charmes,

Si nous allons toujours de tourments en tourments,
A la fois dégoûtés de tout, de tout gourmands,
Affamés et bavant sur la table servie,

Si le néant ne peut nous consoler non plus,
Alors, que devenir, où se prendre à la vie,
Et faut-il donc se fondre en des pleurs superflus ?

XXV

REPRISE D'ESPOIR

Non, non, cela n'est pas possible, je vous dis !
Je ne me sens pas fait pour la plainte éternelle.
Car le soleil est bon, réjouit ma prunelle,
Sourit dans les matins, flambe dans les midis ;

Car l'amour plane encor par les cieux attiédis ;
Car la Terre est joyeuse, et douce, et maternelle ;
Car je suis son enfant, j'ai foi, j'espère en elle,
Je veux dans son giron trouver mon paradis.

C'est les Dieux qu'on a mis dans chacun de ses antres
Qui me font peur, avec leurs yeux fous, leurs gros ventres,
Leurs foudres, et leur tas de dévots prosternés.

Mais ces faux appétits, cette soif téméraire
D'infini, d'idéal, je les leur crache au nez,
Et je vas leur souffler au cul pour me distraire.

III

CARNAVAL.

III

CARNAVAL

I

CHAHUT CÉLESTE

Puisque le carnaval s'amuse
Et pousse des cris provocants,
Il faut bien aussi que la Muse
Pince son pas dans les cancans.

La petite n'est pas bégueule.
Elle saurait, comme un chicard,
Avoir des mots gras pleins la gueule
Et se fendre d'un grand écart.

Elle pourrait blaguer d'un geste
Les gens en frac, plus droits qu'un pal,
Et faire bondir son pied leste
Jusqu'au pif du municipal.

Je la pris donc, l'autre semaine,
Pour la conduire à l'Opéra,
En disant : « La folie humaine,
O mignonne. te distraira. »

Mais elle a trouvé fort banales
Nos danses : « Tout ça, c'est mastoc
A-t-elle fait. Vos bacchanales
En habit noir, vrai, c'est rien toc! »

Et plantant là notre séquelle,
Elle a pris son vol loin d'ici,
Et m'a fait entrer avec elle
Dans un autre bal que voici.

Ventrebleu ! la danse macabre!
Le frisson me monte aux genoux
Et mon cœur effaré se cabre...
Mais non, mais non, rassurons-nous.

CARNAVAL

Ce n'est pas dans un cimetière,
Où, sous l'if sinistre et tremblant,
Les tombeaux font une litière
De dominos, tous double-blanc;

Ce n'est pas au son d'une flûte
Apre et piquante comme un crin,
Qui sautille, agonise et lutte
Contre un rire aigre de crincrin;

Ce n'est pas à minuit, à l'heure
Où la vieille Nature en deuil,
Le nez dans son mouchoir, y pleure
Et se met du tabac dans l'œil;

Ce n'est pas sous la lune, veuve
Qui n'a plus même un cheveu gris
A son vieux crâne en pipe neuve
Tout plaqué de poudre de riz

C'est sous le ciel clair comme un sabre,
Dans des fanfares de réveil,
Que j'ai vu la danse macabre
Tourbillonner en plein soleil;

Et les morts que menait en ronde
Celle à qui deux trous servent d'yeux,
N'étaient pas des gens de ce monde,
Pas des hommes, mais bien des Dieu

Houp! La Mort au nez ridicule
Les fait sauter comme des chats.
Tout ça gambille, gesticule,
Dans de suprêmes entrechats.

Houp! houp! La ronde ivre chahute.
Encor! Toujours! Ils vont, ils vont.
Au bout du fossé la culbute,
Et dans un abîme sans fond.

Houp! houp! Ils vont sans fin ni trêve,
Au vent du néant emportés,
Devant notre temps dont le rêve
Ne croit plus qu'aux réalités.

Les Tout-Bonté, les Tout-Mystère,
Les pires comme les meilleurs,
D'ici, de là, du ciel, de terre,
De partout et même d'ailleurs

CARNAVAL

Dieux du Nord, du Midi, du Centre,
Tous ceux que la peur inventa,
Depuis les idoles à ventre
Jusqu'au cloué du Golgotha,

Ils vont ; et quand, rosses poussives,
Ils flongent d'un pas fatigué,
A travers ses dents sans gencives
La Mort leur siffle un air plus gai,

Et les bousculant de sa canne
Qui tourne entre ses doigts roidis,
Sous son panache elle ricane,
Tambour-major des refroidis.

II

LE MYSTÈRE DE LA CRÉATION

Vous ne connaissez pas le grand X ! Hein ! quoi ! Non ?
Non, pas même de vue; et pas même de nom,
Car il n'en a pas. Mais, qu'importe ? C'est un être
Dont on raconte un tas de faits qu'il faut connaître.
On dit même que dans des temps peu reculés,
Pour n'y pas avoir cru d'aucuns furent brûlés.
Voyons donc quelques traits de sa biographie.
C'est d'un cœur simple et pur que je les versifie.
Un soir que le grand X avait mangé beaucoup
Et beaucoup bu, gavé jusques en haut du cou,
L'estomac alourdi, la pense ballonnée,
Il se plaignit de son amère destinée.
En effet, rien n'étant, le bougre n'avait pas
De cuvette où vomir le trop de son repas.
D'ailleurs, pour en chercher, il était sans lumière.
Mais, bah ! Quand on s'appelle X, la Cause Première,
On trouve contre tout des trucs illimités.

Il y réfléchit deux ou trois éternités.
Puis il saisit ce rien qui n'était pas encore,
Ce rien mystérieux que son néant décore,
Ce rien, sans doute las d'être un rien incompris,
Ce rien qui n'est que rien pour nous, faibles esprits,
Mais qui devait pourtant être un peu quelque chose ;
Car il le prit, lui, l'X, lui, la Première Cause,
Souffla dessus, lui mit un endroit, un envers,
En fit une cuvette et vomit l'univers.
Voilà, certe, une étrange et ridicule histoire.
Dire que c'est pourtant la vérité notoire
Des prêtres, qui, parlant de cet acte profond,
S'ils changent les détails, sont d'accord sur le fond !

III

AUTRE VERSION

Feuilletons d'autres dossiers !
Ça, c'est pour les gens grossiers

Mais l'esprit métaphysique
Veut de plus grave musique.

Parlons en haut allemand,
Très transcendantalement.

Même thème. Autre romance.
Attention ! Je commence.

Sous l'infini pour linceul,
Zéro s'embêtait tout seul.

Soudain, au bord de l'espace,
Il a vu Néant qui passe.

Grâce à leur Vague absolu
L'un à l'autre ils se sont plu.

De cette union modèle
Rien-du-tout tient la chandelle.

Donc, dans le Vide béant
Zéro s'accouple à Néant.

Nullité, c'est toi qui mêles
Leurs Inanités jumelles.

Et de ce coït subtil
Naît le monde. Ainsi soit-il !

IV

LA NUIT

J'ai rêvé que la Nuit n'était que la putain
D'un vieux soudard paillard qui la paye en butin.
Ce sergent aviné d'une bande en guenilles
A tué des vieillards, des enfants et des filles,
A brûlé des maisons, a mutilé des morts,
S'est vautré dans un tas de crimes sans remords,
Et le feu l'a fait noir, et le sang l'a fait rouge,
Et c'était pour gagner de quoi payer sa gouge.
Il vient lui dégrafer sa robe de velours,
Et sur cet écrin noir qui s'étage en plis lourds
Il jette par poignée, au hasard, pêle-mêle,
De l'or, des diamants, des perles. La femelle
Lui fait risette, et pour chacun de ses cadeaux
Lui rend un long baiser dont frissonne son dos.
Elle montre à son tour ses trésors de chairs blanches.
Son ventre ferme et lisse entre ses larges hanches,

Son fessier dur, ses reins souples, ses seins raidis,
Et ses cuisses, piliers du secret paradis.
Comme sur un fumier fond un oiseau de proie,
Le soudard bondissant sur la fille de joie
La chevauche. Et voilà comment sont nés les cieux !
Or la Nuit n'aime pas les gens pour leurs beaux yeux,
Et, riche, nous trouvant trop pauvres, se dérobe
A nos regards lascifs dans l'ampleur de sa robe
Où sont restés piqués tous les clairs diamants.
O Nuit, tu ne veux pas de nous pour tes amants;
Tu refuses de nous montrer ton corps sans voiles,
A nous qui ne pouvons te payer en étoiles.
Quand nous te poursuivons de soupirs et de vœux,
Tu ramènes sur tes yeux d'or tes noirs cheveux,
Tu ris de notre amour et de notre prière,
Tu fais sonner ta bourse et, tournant le derrière,
Tu nous jettes au nez ta robe aux larges plis,
Aux énormes volants de ténèbres, remplis
De perles, de saphirs, d'écus et d'escarboucles,
Et, vénale, dans ton corsage tu te boucles
En disant : « Pour me voir et m'avoir, même un peu,
Ça coûte cher. Je suis la maîtresse de Dieu. »
Et c'est à les compter, ces richesses sans nombre,
Tous ces bijoux volés illuminant ton ombre,
C'est par humilité sous ton luxe insolent
Que l'homme te vénère et te prie en tremblant.

Mais moi, tu n'auras pas mon oraison fervente,
Sale prostituée à l'âme de servante !
Je me moque de ton baiser comme d'un clou.
Moi, je sais bien que ton amant n'est qu'un filou ;
Moi, je connais ta honte, ô Nuit, fille soumise !
Car le soudard a mis du sang sur ta chemise
En y posant les mains le jour qu'il la leva ;
Et je ris, tous les soirs, quand le soleil s'en va,
De voir dans les brouillards de l'horizon qui bouge
Flotter ton pan de linge avec sa tache rouge.

V

LA REPONSE DU CYCLOPE

Si j'en crois les beaux vers de l'ancêtre Euripide,
Le Cyclope vraiment n'était point si stupide,
Et ce qu'il dit des Dieux ne me semble pas vain.
Le subtil Odysseus l'ayant gorgé de vin,
Le monstre blasphémait. « Zeus punit le blasphème,
Prends garde, dit le roi. Les Dieux... » Mais Polyphème :
« Que parles-tu des Dieux? Quand je montre le poing
Au ciel, le ciel a peur. Car les Dieux ne sont point.
Le seul Zeus que j'adore, ô fils, c'est ma bedaine.
— Prends garde ! dit le roi. Quelque foudre soudaine... »
Le Cyclope éclata de rire, et soulevant
Sa cuisse, il accoucha d'un formidable vent
Qui déchira les airs comme un son de trompette.
« Le tonnerre, fit-il, voilà ! C'est quand je pète. »

VI

BRÉVIAIRE D'HISTOIRE SAINTE

Adam est heureux. Qu'on l'induise en faute!
— Et le Sabaoth lui prend une côte. —
J'ai fait l'homme hier. Noyons-le aujourd'hui!
— Et le Sabaoth fait pipi sous lui. —
Mon peuple est élu. Ses vœux sont les nôtres.
— Et le Sabaoth l'asservit aux autres. —
Joseph comme un saint a toujours vécu.
— Et le Sabaoth fait Joseph cocu. —
Aux Juifs pour toujours ma loi fut promise.
— Et le Sabaoth abolit Moïse. —
A mon fils vainqueur tout dira : Je crois.
— Et le Sabaoth met son fils en croix. —
Pour clous d'or mon trône aura les planètes.
— Et le Sabaoth vend *te pon' lorgnettes*. —

VII

QUELLE DÈCHE, MON EMPEREUR

Le Père dit au Saint-Esprit :
« Ça ne va plus, ça ne va guère,
Et notre splendeur de naguère
Finit son temps. C'était écrit.

L'homme a poussé son cri de guerre.
Et voici que l'audacieux
Nous flanque à la porte des cieux.
Ça ne va plus, ça ne va guère. »

Le Saint-Esprit lui répondit :
« Faudra-t-il que je déménage,
Moi, pauvre colombe, à mon âge ?
Mais c'est donc vrai, tout ce qu'on dit ?

Tu n'es donc plus millionnaire?
Qui, toi, pané, sans un radis!
Qu'as-tu fait de ton paradis,
De ton sceptre, de ton tonnerre?

Et ton azur, où nous trempons
Les pans de tes chemises bleues,
Et tes comètes et leurs queues,
Et ton auréole à trois ponts?

— Rien, plus rien! Tout est sur la terre,
Reprit le vieux. Tout est flambé.
L'homme a prouvé par $a + b$
Qu'il en était propriétaire;

Et moi, l'empereur des filous,
Dépouillé par ce coupe-bourse,
Je n'ai plus même la ressource
De remettre mon Fils aux clous. »

VIII

VERS LES SOMMETS

Assez! assez! La blague a perdu son tranchant
A force de frapper le nez des dieux fossiles.
L'arme est comme le nez : tous deux vont s'ébréchant

Laissons cette arme vaine au poing des imbéciles;
Laissons les calembours, Muse, à monsieur Homais.
Viens, ma fierté répugne aux victoires faciles.

Viens! Le Dieu qu'à mes coups orgueilleux je promets,
C'est celui dont l'espace et le temps sont les voiles.
Allons vers lui! Montons! Et du haut des sommets

Cherchons ses traces dans la forêt des étoiles!

IV

LA REQUÊTE AUX ÉTOILES

IV

LA REQUÊTE AUX ÉTOILES

Étoiles, millions d'étoiles, qui vers nous
Clignez si doucement des yeux, je vous implore!
Je vous implore et vous supplie à deux genoux.

Vous êtes la lumière au chœur multicolore.
Vous êtes les pistils d'or et de diamant
Des pâquerettes qui, sans se lasser d'éclore,

Éclosent tous les soirs aux prés du firmament;
Et je viens vous cueillir, mystiques pâquerettes!
Naïf comme une vierge et fou comme un amant,

Je viens vous confier mes angoisses secrètes;
J'attends de vous le mot que veut mon cœur troublé,
Et j'effeuille en pleurant vos pâles collerettes.

Vous êtes les épis de ces gerbes de blé
Que fait tous les matins un moissonneur étrange,
Moissonneur éternel et jamais accablé.

Chaque jour, à l'aurore, il vous coupe et vous range
Dans sa grange d'azur mystérieusement;
Et, quand revient le soir, il vous rouvre sa grange.

Et sur les noirs sillons vos grains qu'il va semant
Repoussent aussitôt en des gerbes nouvelles.
O résurrection du céleste froment,

Quel est ce moissonneur semeur que tu révèles?
Étoiles, laissez-moi dans vos gerbes sans fin
Comme un pauvre glaneur ravir quelques javelles.

Non, ne me chasse pas, glaive du Séraphin!
Il m'en faudrait si peu pour que ma main fût pleine!
Et devant ces monceaux de blé je meurs de faim.

Ah! vous êtes aussi dans la divine plaine
Le tourbillon de feu des insectes rôdeurs
Qui se pâment au fond des fleurs, à perdre haleine,

Jusqu'à mourir, soûlés de couleurs et d'odeurs.
Vous êtes des **essaims d'abeilles** travailleuses,
Et vous allez **posant vos** baisers maraudeurs

Sur la bouche des lis, des roses, des veilleuses.
Mais où donc portez-vous le miel de vos butins?
Où donc les cachez-vous, **vos** ruches merveilleuses?

Si ce miel savouré doit changer nos destins,
Pourquoi n'en pas verser dans nos cœurs une larme
Avant de vous sauver ainsi tous les matins?

Vous êtes des fanaux et des signaux d'alarme,
Sous les flots de la nuit montrant partout l'écueil;
Et moi qui pour **boussole** unique et pour seule arme

Dans ma nef de hasard n'ai rien que mon orgueil,
Lâche, je reste en panne, et flottant sur son ancre
Mon ponton sans voilure a l'air d'un grand cercueil.

Et la moule s'incruste à ma quille, et le **cancre,**
Le poulpe, toute **la vermine** des rochers,
Dans un bouillonnement de vase couleur d'encre

Me rongent lentement, à mon ventre accrochés.
Non, je ne puis rester dans ce port où j'échoue.
Il faut le vent du large aux poumons des nochers ;

Il faut le frais baiser de l'embrun sur leur joue.
Levons l'ancre! Partons! Voguons vers les pays
Où sur un sol nouveau la lumière se joue!

Vous m'appelez là-bas, étoiles! J'obéis.
Mais laquelle de vous mène aux pays féeriques?
Combien s'en sont allés, que vous avez trahis!

Combien, prenant vos feux pour pôles chimériques,
Sur les crocs des brisants sont restés en lambeaux,
Et, sans avoir trouvé les vierges Amériques,

Sont roulés par la mer en de mouvants tombeaux!
Vous êtes les clous d'or, d'argent et de topaze
Que font en galopant tomber de leurs sabots

L'Espace qui me heurte et le Temps qui m'écrase
O chevaux monstrueux lancés dans l'Infini,
Plus forts que Bucéphale et plus fous que Pégase,

LA REQUÊTE AUX ÉTOILES

Vers quel pré fabuleux avez-vous donc henni,
En passant sur mon corps dans un fracas de foudre?
Que ne m'emportez-vous jusqu'à ce val béni?

Mais ils courent toujours; et je dois me résoudre
A ne jamais savoir où vont leurs pas ailés.
Si je pouvais au moins vous suivre dans la poudre,

O vous dont leurs chemins demeurent constellés,
Innombrables clous d'or, d'argent et de topaze!
Mais on a peur de vous, tant vous étincelez,

Et, vouloir vous compter, c'est tomber en extase.
Aux murs capitonnés du boudoir de la Nuit
Vous êtes les boutons de pâle chrysoprase

Dont l'éclair scintillant et curieux reluit
Dans les fossettes du velours. Quand sur la plume
Son invisible amant la couche, à leur déduit

Comme un regard lascif votre clarté s'allume;
Et seules vous voyez la déesse tordant
Son ventre de nuée et sa croupe de brume.

Seules vous pouvez dire à quel baiser ardent
S'éveillent les langueurs de sa chair qui frissonne.
Oh! que ne suis-je là, comme vous, et dardant

Mes yeux sur ce mystère où n'assiste personne!
Oh! dites-moi du moins ce que vous en pensez,
Dites-moi ce qu'ils font quand l'heure exquise sonne,

A quels combats d'amour toujours recommencés
Ils se livrent sous leurs courtines de ténèbres,
Et quels mots délirants, quels râles insensés

Ils échangent dans l'ombre où craquent leurs vertèbres!
Vous êtes des lueurs tremblantes de flambeaux
Autour d'un catafalque aux tentures funèbres

Que le vent sacrilège effiloque en lambeaux.
Dans un ciel de tourmente éclaboussé d'averse,
Des anges effarés, lamentables et beaux,

Contre la bise hostile et contre l'eau perverse
Vous abritent sous leur tunique en se sauvant,
Et retournent vers nous vos feux à la renverse.

LA REQUÊTE AUX ÉTOILES

Sur quel mort pleurez-vous dans la pluie et le vent,
O cierges? Montrez-moi sa figure livide.
Qui sait? On l'a peut-être enseveli vivant!

Je le réchaufferais sur mon cœur impavide,
Je lui prendrais la main; je baiserais son front.
Qui sait? Peut-être aussi que le cercueil est vide!

Anges, arrêtez-vous, et mes yeux le verront.
Mais leur fuite éperdue à ma voix s'accélère.
Ils semblent maintenant tourbillonner en rond

Comme des feuilles dans un ciel crépusculaire;
Et leurs cierges épars, courant dans tous les sens
Sous les sombres arceaux du temple séculaire,

Parmi les brouillards bleus où s'endormait l'encens
Éveillent tout à coup dans l'ombre sépulcrale
Un essor lumineux de papillons dansants.

Qui donc adore-t-on dans cette cathédrale?
Pour qui scintillez-vous, cierges qui par milliers,
Comme des vers luisants enchaînés en spirale,

Escaladez le tronc de marbre des piliers?
Alentour de quel front volent en girandole
Les libellules d'or que vous éparpillez?

Sur quel autel secret s'épanouit l'idole
Pour qui vous déroulez les anneaux radieux
De votre interminable et folle farandole?

Vous êtes les autels et vous êtes les Dieux.
Pardon, ô feux vivants que vénéraient les mages!
O face de la Nuit resplendissante d'yeux,

Pardonne, si j'ai cru te rendre des hommages
En faisant jusqu'à toi de mon cœur agité
Jaillir ces vaines fleurs de verbes et d'images!

Étoiles, faites grâce à ma témérité!
Je vous implore avec ferveur, sans insolence.
Même si mon orgueil, hélas! l'a mérité,

Ne me punissez pas en gardant le silence.
O vous que j'aime tant, ô vous que je bénis,
Ma prière vers vous comme un oiseau s'élance.

LA REQUÊTE AUX ÉTOILES

Ah! ne la laissez pas dans les cieux infinis
A travers les hasards errer à l'aventure!
Dans vos seins maternels qu'elle trouve des nids!

A la pauvrette en pleurs que le doute torture,
Montrez le clair chemin qui conduit au savoir;
Offrez-lui vos secrets merveilleux en pâture;

Donnez-lui la clarté que vous semblez avoir;
Changez en hymne ardent sa cantilène triste:
Et dans le sanctuaire obscur faites-lui voir

L'éternelle splendeur de l'Être... s'il existe!

LA PRIÈRE DE L'ATHÉE

V

LA PRIERE DE L'ATHÉE

J'ai voulu m'envoler là-haut, au ciel immense,
Pour comprendre Le ciel, riant de ma démence,
      M'a vomi sur le sol.
Les étoiles chantaient et m'ont dit de me taire;
Et je suis retombé lourdement sur la terre,
      Enfoncé jusqu'au col.

C'est vrai, je suis vaincu pas le chant des étoiles!
Il dit qu'on ne peut pas lever les chastes voiles
      De l'Isis au front noir.
Il dit que, sans jamais voir le fond, nos pensées
Roulent dans l'infini comme des eaux lancées
      Au trou d'un entonnoir.

Il dit qu'un fol orgueil nous brouille la cervelle
Quand nous voulons que tout l'univers se révèle
   A notre œil limité,
Et quand nous essayons de saisir le fantôme
Impalpable, et de faire entre nos doigts d'atome
   Tenir l'immensité;

Il dit que, si ce Dieu que notre voix outrage
Existait, en voyant nos poings crispés de rage
   L'éternel rirait bien;
Il dit que le grand cri de révolte des homme
N'est qu'une imperceptible haleine, et que nous sommes
   Moins que l'ombre de rien ;

Il dit que celui-là seulement est un sage
Qui sait prendre les biens de la vie au passage
   Tels qu'ils lui sont donnés,
Qui jouit des effets sans en chercher la cause,
Et qui veut ne jamais regarder autre chose
   Que le bout de son nez.

Et les étoiles ont raison. Il faut se taire,
Laisser le ciel en paix et vivre sur la terre.
   La joie est un devoir.

Mets tes mains sur tes yeux fermés ; baisse la tête.
Heureux qui mange, boit et dort ! Vive la bête
          Qui sait ne rien savoir !

C'est bien. Je tenterai la sagesse abrutie
Et calme. Je rirai. Je ferai ma partie
          Dans le chœur des heureux.
Je ne penserai plus. Je fermerai mon livre.
Avec les résignés sans souci je veux vivre,
          Le plus crétin d'entre eux.

C'est bien. Je tends mon front au stupide baptême
De la sottise. Gai, je vais dire anathème
          A mon espoir premier.
Je renonce à l'idée, au rêve. Je veux être
Comme un gras champignon qui pousse au pied d'un hêtr
          Le cœur plein de fumier.

Je veux dormir, je veux manger et je veux boire.
Ne me racontez plus la merveilleuse histoire
          De l'homme cherchant Dieu,
Des Titans assiégeant le ciel, de Prométhé
Plongeant dans les éclairs sa tête révoltée
          Pour y voler le feu !

Qu'on ne me parle plus de leur gloire superbe !
Je rumine. Je suis un **bœuf vautré dans l'herbe.**
   J'ai ployé le genou.
Dans la tranquillité banale je patauge.
Je suis un porc repu, le groin dans son auge.
   J'ai cessé d'être fou.

Puisqu'on n'a de bonheur qu'au prix d'être une brute,
C'est entendu, je suis un lâche et fuis la lutte,
   Sous l'ordure abrité.
Je voulais m'échapper de la fange : j'y rentre.
Et je me traînerai, s'il le faut, à plat ventre
   Dans l'imbécillité.

★

  J'ai fermé la porte au doute,
  Bouché mon cœur et mes yeux
  Je suis triste et n'y vois goutte
    Tout est pour le mieux.

  A mes désirs de poète
  J'ai dit d'éternels adieux.

LA PRIÈRE DE L'ATHÉE

J'ai du ventre et je suis bête.
    Tout est pour le mieux.

J'ai saisi mon dernier rêve
Entre mes poings furieux.
Voilà le pauvret qui crève.
    Tout est pour le mieux.

J'ai coupé l'aile et la patte
Aux amours. Mes oiseaux bleus
Sont manchots et culs-de-jatte.
    Tout est pour le mieux.

Dans le trou, pensée altière !
Maintenant je suis joyeux,
Joyeux comme un cimetière.
    Tout est pour le mieux.

Dans le temps et dans l'espace
Je ne suis, insoucieux,
Qu'un paquet de chair qui passe.
    Tout est pour le mieux.

Que m'importe le mystère
De l'être épars dans les cieux ?

J'ai le cerveau plein de terre.
Tout est pour le mieux.

⁕

Eh bien ! non. J'ai besoin de voir le fond des choses.
Je cherche malgré moi l'épine auprès des roses,
Le ver immonde au cœur du fruit,
La vase sous les flots, le fumier sous la terre,
L'amertume dans les plaisirs, et le mystère
Au front étoilé de la nuit.

Je ne puis m'empêcher de regarder les astres
Suspendus comme des lampes sous les pilastres
D'un temple immense au plafond bleu,
Et j'entends tout le genre humain qui les contemple
Dire qu'un sanctuaire est caché dans le temple,
Et dans le sanctuaire un Dieu.

Je vois toujours passer une ombre sous le dôme.
J'ai beau me répéter que ce n'est qu'un fantôme
Flottant dans mon œil obscurci;

Des générations de mes frères sans nombre
Ont ployé les genoux pour adorer cette ombre
    Qu'ils ont faite vivante ainsi.

Les mystiques Hindous, enfants des forêts vierges
Où les bambous géants et droits ont l'air de cierges
    Devant un invisible autel,
Où le grave éléphant jette un barrit sonore
Au matin, comme s'il saluait dans l'aurore
    La présence d'un immortel;

Les Perses enivrés du jour et de la flamme,
Qui sentaient palpiter et resplendir une âme
    Dans le soleil, dans le foyer;
Les Chaldéens à qui l'étoile semblait être
Sur le livre du ciel ténébreux une lettre
    D'un grand nom qu'on voit flamboyer;

L'Égyptien troublé par le regard des bêtes
Et qui donnait aux corps de son rêve des têtes
    De taureaux, d'ibis et de chiens;
Les Pélasges dévots aux cavernes; la Grèce
Qui faisait sur ses monts rayonner l'allégresse
    Sereine des Olympiens;

Les Barbares venus du bout des steppes vagues,
Qui voguaient à cheval ou chevauchaient les vagues
    Sur leurs barques aux flancs de cuir,
Tous ces aventuriers qui voyaient dans les nues,
Les brumes et les flots, des formes inconnues
    Parmi les ouragans s'enfuir;

Le Juif toujours en lutte avec l'âpre colère
Du Jehovah jaloux et dur qui ne tolère
    Aucun hommage aux étrangers;
Le Chrétien amoureux du squelette et des tombes,
Dont l'ostensoir luisait au fond des catacombes
    Et dorait les crânes rangés;

Tous, pasteurs, cavaliers, laboureurs, astronomes,
Marins, civilisés ou sauvages, des hommes
    Ayant l'esprit comme le mien,
Ont regardé le monde ainsi que moi, le même,
Et tous ont vu dans tout vivre un Être suprême;
    Moi je regarde et ne vois rien;

Mais comme eux tous je sens une implacable envi
De connaître le mot inconnu de la vie;
    Je fais ce que les autres font;

Je porte dans le cœur une soif insensée
D'interroger le Sphinx pour savoir la pensée
    Qui passe dans ses yeux sans fond.

★

    Et je saurai! Cette prunelle
    De l'infini sombre et béant,
    Je verrai ce qui luit en elle
    Et si c'est l'être ou le néant.

    Je sonderai le gouffre immense
    Et je saurai s'il est un point
    Où la création commence,
    Elle qui ne finira point.

    Ce n'est pas vrai qu'on puisse vivre
    Sans jamais regarder là-haut.
    Le besoin de savoir enivre.
    Et je saurai. Car il le faut.

    Aux cavernes les plus obscures
    Une torche en main j'entrerai,
    Et je forcerai les serrures
    Du mystère le mieux muré

Parti sur mon bateau de toiles
Pour le pays de l'inconnu,
Je veux que les vierges étoiles
Viennent me montrer leur sein nu,

J'ouvrirai toutes les alcôves;
Je mêlerai mes noirs cheveux
Aux crins d'or des comètes fauves
En disant : « C'est moi, je te veux. »

Si quelqu'une fait la farouche
Et résiste à mon rut puissant,
Je baiserai si fort sa bouche
Qu'elle aura les lèvres en sang.

Je poserai ma main hardie
Sur les grands soleils étonnés
Et j'éteindrai leur incendie
Splendide en leur crachant au nez.

Dans toutes ses métamorphoses
Je fouillerai tout l'Univers
Pour chercher la Cause des causes
Sous ses masques les plus divers,

Sous l'astre et sous le grain de sable,
Sous la plante et sous l'animal,
Et sous l'atome insaisissable,
Et sous le bien et sous le mal,

Et sous tout l'Être qui ruisselle,
Et sous tout ce qu'on rêve aussi;
Et si je peux la trouver, Celle
Qu'on n'a pas pu trouver, voici!

Je planterai mon regard fixe
Comme un couteau d'acier pointu
Dans le regard de cette Nixe,
Et je crierai : « Qui donc es-tu?

*

Qui donc es-tu? Voyons, parle enfin. Il est l'heure.
Tu ne peux pas toujours te taire, sais-tu bien.
Depuis l'éternité qu'on t'appelle et qu'on pleure,
    Pourquoi ne dis-tu rien?

Pourquoi restes-tu là comme un bronze livid
Avec ta lèvre close au sourire moqueur,
O face impénétrable, ô simulacre vide
        Sans pensée et sans cœur?

Pourquoi ne dis-tu rien? Pourquoi sur ton front morne
Ne voit-on même pas un pli, spectre têtu?
Pourquoi cet air de souche et cet aspect de borne?
        Vieille sourde, entends-tu?

Si tu ne parles pas, au moins tâche d'entendre.
Laisse-moi, me montrant, si tu veux, ton mépris,
Croire que ton visage amer va se détendre
        Et que tu m'as compris.

Pour transformer en foi le doute qui m'accable,
Tu n'as qu'à mettre un oui dans tes yeux épiés.
Tu n'as qu'un signe à faire, et ma haine implacable
        Va mourir à tes pieds.

O Mystère orgueilleux de tes voiles funèbres,
Quand on se dit un père, il faut l'être en effet.
Comment peux-tu me voir saigner dans les ténèbres,
        Si c'est toi qui m'as fait?

Commment peux-tu me voir à genoux sur la pierre,
Les bras tendus vers toi, de sanglots étouffant,
Sans qu'il vienne une larme au pli de ta paupière,
    Si je suis ton enfant?

L'aumône, par pitié! Ma misère est si grande!
Je ne suis pas méchant. Sois bon. Regarde-moi.
Mon pauvre cœur est plein d'amour et ne demande
    Qu'à s'exhaler vers toi.

Mais non! Voici toujours ton stupide sourire.
Mes injures, mes cris, mes pleurs, sont superflus.
Non, tu ne parles pas; car tu n'as rien à dire.
    Tu n'entends pas non plus.

Donc, après tout, es-tu? Qand je sonde l'espace,
Au fond de l'infini je crois t'apercevoir.
N'est-ce que le rayon de mon regard qui passe,
    Clair sur le gouffre noir?

Est-ce mon âme à moi qui prête une âme au monde?
Si je ne pensais plus ce que mon cœur rêva,
T'évanouirais-tu comme un reflet sur l'onde
    Quand le soleil s'en va?

Oui, oui, voilà le mot de ton hautain silence.
Mais j'en ai trop souffert; j'en veux tirer raison.
De ma bouche à présent le blasphème s'élance
    Et non plus l'oraison.

O Dieu, brouillard flottant sur le pré des mensonges,
O Dieu, mirage vain des désirs d'ici-bas,
Ta gloire et ton orgueil sont les fleurs de nos songes
    Et sans nous tu n'es pas. »

    Ainsi dira ma voix grave
    A cet Inconnu trompeur,
    A ce maître que je brave
    Et dont les autres ont peur.

    Je parlerai haut et ferme
    Comme doit faire un vivant.
    Je saurai si ce dieu Terme
    N'est qu'une ombre dans du vent.

Qu'il dise, pour me confondre,
Un seul mot, même tout bas!
Mais s'il ne veut pas répondre,
Je dirai qu'il ne peut pas.

S'il dédaigne mon injure,
Pour être certain qu'il es
Je ferai sur sa figure
Tomber un large soufflet.

Et je verrai bien s'il bouge
En subissant cet affront;
Je verrai monter le rouge
A son impassible front.

Sous cette âpre rhétorique
Si ses yeux restent sereins,
Alors je ferai ma trique
Discuter avec ses reins.

Je veux qu'il parle ou qu'il crie,
Savoir s'il existe ou non.
Je veux que sa chair meurtrie
Sonne comme un tympanon.

Ainsi que sur une enclume
Je frapperai, jusqu'à tant
Que la peau du dos lui fume
Et soit un torchon flottant,

Jusqu'à tant qu'il disparaisse
Comme un grain dans un gésier,
Comme une larme de graisse
Dans la gueule d'un brasier.

S'il ne peut pas disparaître,
S'il existe et si j'ai tort,
Il me prouvera son être
En m'écrasant tout d'abord.

Qu'il ne soit pas débonnaire!
Qu'il parle! Dût-il, vainqueur,
Graver à coups de tonnerre
Son nom sanglant dans mon cœur.

Pour l'éternité perdue
Dussé-je être torturé,
Qu'il réponde, et qu'il me tue!
Ou c'est moi qui le tuerai.

VI

LE JUIF-ERRANT

VI

LE JUIF-ERRANT

Le jour où Jésus-Christ gravissait le Calvaire,
J'étais à ma fenêtre, assis, vidant mon verre,
Le cœur content après un modeste repas.
Qu'était ce Jésus-Christ? Je ne le savais pas.
Moi, petit ouvrier, pauvre que nul n'envie,
J'avais assez de mal, certe, à gagner ma vie,
Sans aller m'occuper des mots plus ou moins creux
Que les prêtres et les prophètes ont entre eux.
Or celui-là s'était fourré dans la cervelle,
Paraît-il, de prêcher comme une foi nouvelle
Au nom d'un autre monde où tout est pour le mieux.
Quelque fou! Franchement, que m'importent les cieux,
A moi qui n'ai qu'un temps à vivre, et sur la terre?
Pourvu, lorsque j'ai soif, que je me désaltère,

Et que, lorsque j'ai faim, je mange peu ou prou,
Pourvu que je possède en un coin quelque trou
Où reposer le soir ma tête et ma chair lasses,
Je ne demande point au destin d'autres grâces,
Et j'estime que tous les bonheurs sont du vent
Comparés à celui de se sentir vivant.
Donc ce Jésus pour moi ne valait pas grand'chose.
Qu'il eût en orgueilleux rêvé l'apothéose,
Ou qu'il fût bonnement un simple, je ne sais.
Mais je sais que les Dieux présents, les Dieux passés
Et les Dieux à venir ne sont jamais en somme
Que des mensonges vains qui font du mal à l'homme.
Or ce Jésus, malgré sa très grande douceur,
Se disait fils de Dieu. D'autre part la rousseur
De ses cheveux et de sa barbe, et ses mains blanches,
Me déplaisaient. Mes mains, à moi, sont des éclanches
Que le travail sans fin rend noires; mes cheveux
N'ont pas l'air d'un chignon de pucelle; et je veux,
Pour m'en faire un ami, qu'un homme soit un mâle.
Donc, après tout, tant pis pour ce fou, faible et pâle !
Cette religion, dans l'œuf on l'étouffait.
Le Dieu venait mourir en croix. C'était bien fait.

Aussi, quand il passa, sanglant, sous ma fenêtre,
A mon regard tranquille et froid il put connaître

Que je n'étais point un de ces estropiés
Qui croyaient à sa voix et tombaient à ses pieds.
Ce mépris lui fit mal. Malgré tout, il en coûte,
Quand on meurt pour un mot, de voir qu'un autre en doute
Ces martyrs exaltés, un ennemi les rend
Moins tristes mille fois qu'un simple indifférent.
Ce qui leur fait suer leur plus âpre agonie
N'est pas le fer qui tue, et c'est l'esprit qui nie.
Sur mon esprit Jésus se sentait sans pouvoir.
Ne sachant me convaincre, il voulut m'émouvoir.
Il pleura. Ses beaux yeux resplendissaient d'extase
Et de douleur. « Pitié! dit-il, ma croix m'écrase.
Je suis déjà tombé trois fois. Ne veux-tu pas
Que je m'asseye un peu chez toi? Je suis si las! »

Ah! certes, j'eus alors un instant de faiblesse.
Je le revois encor, sous sa croix qui le blesse,
Les pieds meurtris, les mains saignantes, les genoux
Dans la fange, et des yeux si tendres et si doux
Qu'il fallait, pour ne point céder, un cœur de pierre.
Une larme vraiment roula sous ma paupière.
Je sentis comme un vent d'amour m'emplir d'émoi.
Je fus près de lui dire: « Allons, entre chez moi. »
Et j'avançais la main pour lui verser à boire.
Mais je vis dans ses yeux un éclair de victoire;

Je compris qu'il croyait, grâce à mon cœur dompté,
Avoir conquis mon âme à sa divinité.
Aussi je me raidis dans mon indifférence ;
Et, malgré ma pitié pour l'homme et sa souffrance,
Pour le Dieu condamné je restai sans pardon,
Et je lui dis à voix très haute : « Marche donc! »

✶

Jésus, la bonté même,
Me dit en soupirant :
Tu marcheras toi-même
Pendant plus de mille ans.
Le dernier jugement
Finira ton tourment.

✶

Et j'ai marché, du soir au matin, de l'aurore
Au couchant. J'ai marché toujours. Je marche encore !

A travers monts et vaux, et déserts, et cités,
A travers les malheurs et les félicités,
Parmi les chocs sanglants des races, la bataille
De la vie où chacun prend la part qu'il se taille,
Parmi les cris, les pleurs, les espoirs, les regrets,
J'ai marché, comme tu l'as dit, Jésus!.... Après?
Mon âpre châtiment, qu'est-ce qu'il te rapporte?
Aujourd'hui comme à l'heure où je t'ai clos ma porte,
Où je t'ai refusé de te verser mon vin,
Malgré le temps passé, malgré ton nom divin
Chanté par des troupeaux de prêtres en délire,
Malgré ta gloire et ta puissance qu'on peut lire
En lettres de granit dans tes mille milliers
De temples à genoux sous leurs larges piliers,
Malgré ton ostensoir dont les flammes astrales
Allument un soleil au fond des cathédrales,
Malgré les poings tendus pour excommunier
Quiconque ose lever la tête et te nier,
Malgré la lâcheté du monde ton complice,
Aujourd'hui comme au jour lointain de ton supplice,
O Christ, je ne veux pas être un de tes témoins.
Je ne crus pas en toi. J'y crois de moins en moins.
A l'heure où je te vis gravissant le Calvaire,
Pour ne point partager ma maison et mon verre
Avec toi, je n'avais qu'un instinct mécréant;
J'ai ceci désormais, que j'ai vu ton néant.

Au lieu du châtiment, j'ai trouvé sur ma route
Des arguments partout corroborant mon doute;
Et je sais maintenant combien j'avais raison
De refuser au Christ mon verre et ma maison.
Ah! tu m'avais maudit à ton heure suprême!
Tu voulais me punir, Jésus la bonté même!
De l'homme au cœur rétif Dieu cherche à se venger!
Tu m'as dit : «Marche!»... Eh bien! soit! J'aime à voyager.

✻

J'ai marché. J'ai vu le monde.
J'ai de bons yeux qui voient bien.
J'ai vu que la terre est ronde
Et que tu n'en savais rien.
J'ai vu des races, les tiennes,
Martyrs et vierges chrétiennes,
Mourir avec des antiennes
Pour un ciel qui reste clos.
J'ai vu tes élus, tes prêtres,
La main dans la main des reîtres,
Menteurs, voleurs, cruels, traîtres,
Trafiquant de tes sanglots.

J'ai vu tes papes féroces,
Ayant ta croix pour drapeau,
Massacrer à coups de crosses
Les brebis de ton troupeau.
J'ai vu, comme un grain qu'on foule,
Sous leurs pieds d'où le sang coule
Pleurer et crever la foule
De ceux pour qui tu prêchas.
Dans ta Rome tant vantée
J'ai vu ta face insultée
Par plus d'un pontife athée
Qui la couvrait de crachats.

J'ai vu, fiers, impitoyables,
Les forts toujours triomphants
Écraser les pauvres diables
Et les petits, tes enfants.
J'ai vu les gueux, le vulgaire,
Pour qui tu mourus naguère,
Fauchés sans fin par la guerre
En ton nom, ô Dieu de paix !
Dans leur existence brève
J'ai vu qu'ils souffraient sans trêve
Et qu'ils souffraient pour ton rêve,
Et qu'ainsi tu les trompais.

Alors j'ai crié vengeance
A ces crédules aigris,
Et j'ai vu l'intelligence
Partout surgir à mes cris.
J'ai vu le monde à ma suite
Renier ta foi détruite.
J'ai vu tes prêtres en fuite
Et tes autels renversés.
« Marche! » as-tu dit. Bien! je passe.
En vain tu me crieras grâce.
A ma marche jamais lasse
Tu ne peux plus dire assez.

« Marche! as-tu dit. Marche encore!
Jusqu'au dernier jugement. »
Mais quand naîtra cette aurore?
Jamais, ô Dieu. Ta voix ment.
Toi, revenir dans ta gloire?
Allons donc! Sous la nuit noire
Je vais sans manger, sans boire,
Sans siège, sans lit, sans toit,
Pauvre, plus voûté qu'une arche
Et plus vieux qu'un patriarche;
Mais à force d'être en marche,
O Dieu, j'ai marché sur toi.

LE JUIF-ERRANT

Le vrai nom dont on me nomme,
Ce n'est pas le Juif-Errant.
O Dieu, je m'appelle l'Homme
Et je vais. Le monde est grand.
Je suis le marcheur qui passe,
Et dont la course rapace
Use le temps et l'espace
Toujours ouverts sous ses pas.
Je suis le roi de la terre,
L'innombrable prolétaire
Qui va sans jamais se taire
En criant que tu n'es pas.

Oui, le Dieu meurt. Ce prodige
Doit étonner tes élus.
Mais quoi! Je marche, te dis-je;
Et toi, tu ne marches plus.
Et que faut-il pour qu'on ose
Nier ton apothéose?
Deux mille ans. Ce peu de chose
Suffit pour en voir le bout.
Pauvres Dieux! Quelle hécatombe!
Vous allez tous à la tombe;
Voici le dernier qui tombe;
Et l'Homme est toujours debout.

Il est toujours debout, l'Homme!
Il marche. Est-ce que tu crois
Qu'il peut s'arrêter à Rome,
Les bras cloués sur ta croix ?
Point de halte en sa carrière !
Il franchit toute barrière;
Il marche, et laisse en arrière
Tout son passé sans remords.
Il marche, il lutte, il renverse,
Lâchant d'une main perverse
Dans les gouffres qu'il traverse
Les vieux mots et les Dieux morts.

Il marche. Son pas l'emporte.
Il ne sait pas rester coi.
Vers quoi marche-t-il? Qu'importe !
Il marche et cherche vers quoi.
Il marche sans perdre haleine
En chantant d'une voix pleine.
Là-bas, au bout de la plaine,
On dit que le jour a lui.
Où donc, là-bas? Il en doute.
Mais quand même il suit sa route.
Il marche sans y voir goutte
Et ne croit à rien qu'à lui.

Il marche, et tant que la terre
Sera ferme sous ses pas,
Bien que le ciel déblatère,
Il ne s'arrêtera pas.
Il marchera, fier et sombre,
Les yeux grands ouverts dans l'ombre,
Augmentant toujours le nombre
Des mystères qu'il comprend.
Pas de repos, pas de somme,
Jusques à tant qu'on l'assomme!
C'est avec le dernier homme
Que mourra le Juif-Errant.

VII

L'APOLOGIE DU DIABLE

VII

L'APOLOGIE DU DIABLE

Ne croyant pas à Dieu, je ne crois pas au Diable.

★

Et pourtant je l'ai vu l'autre nuit, l'Effroyable,
Le Malin, le Cruel, l'Envieux, le Trompeur,
Celui dont tous les noms terribles nous font peur,
Celui qu'on n'ose pas nommer. J'ai vu l'Archange
Tentateur et damné qui demande en échange

De son appui notre âme à perpétuité.
Le Diable, je l'ai vu, vous dis-je, en vérité.
J'étais au coin du feu, seul, relisant le livre
Du vieux Lucrèce dont la parole m'enivre,
Ce livre obscur, gonflé d'une amère liqueur,
Où le sage Épicure a versé son grand cœur.
Je le buvais avec une soif obstinée,
Quand tout à coup je vis, près de la cheminée,
A l'autre coin, vautré dans le fond d'un fauteuil,
Le Malin souriant et qui clignait de l'œil.
Il n'avait pas cet air grotesque qu'on lui prête,
Le nez noir, le pied bot, les cornes sur la tête,
La queue au cul. C'était un monsieur fort bien mis.
Il ressemblait à l'un de mes meilleurs amis,
Félix Bouchor, qui fut un des rois de la mode.
Sa jaquette, à la fois très collante et commode,
Moulait sa taille. Un nœud fait d'un ruban étroit
Planait en papillon à son col raide et droit.
Sa chemise à plastron lui cuirassait le buste.
Son pantalon tombait sur sa bottine juste
En un rond tracé net sans plis inélégants.
Quant aux cornets de ses manchettes sur ses gants
Jaunes, deux-porte-fleurs avec deux giroflées!
Pas de bijoux voyants; pas de poches gonflées;
Rien qui puât la pose ou bien le luxe faux.
Un goût riche et discret, sans excès ni défauts.

C'était le plus correct des modernes dandies.
Mais ses yeux roux flambaient comme deux incendies.

*

« Mon cher, fit-il soudain en taquinant le feu
Avec son stick, je crois que vous pensiez à Dieu.
Vous me direz que non, que vous lisiez Lucrèce,
Épicure, et que vous savouriez l'allégresse
De voir qu'ils ont tué les Dieux. Mais, entre nous,
Ne sentez-vous jamais monter dans vos genoux
Un frisson de terreur, quand leur voix révoltée
Dit le ciel vide?... Bref, êtes-vous bien athée?
Êtes-vous très certain que Dieu n'existe point?
Si Dieu n'est rien, pourquoi lui montrez-vous le poing?
Si ce n'est qu'un brouillard dont votre âme est trompée,
Pourquoi dans ces vapeurs donner des coups d'épée?
Don Quichotte chargeait, pour frapper un géant,
Sur un moulin; mais vous, c'est contre le néant
Que vous vous colletez avec l'ombre. C'est drôle.
Si Dieu n'existe pas, vous jouez un sot rôle;

Vous n'êtes qu'un roseau pensant... comme mon stick.
Donc, au fond, vous croyez à Dieu; voilà le hic.
Vous ne l'avouez pas; la honte est pitoyable.
Vous y croyez, my dear. J'y crois bien, moi, le Diable!
Si nous n'y croyions pas, nous autres les damnés,
Quel plaisir aurions-nous à lui cracher au nez?
Heureusement, il est. On peut blaguer son œuvre.
Il est partout, il est toujours, comme une pieuvre
Au corps informe, aux bras infinis et flottants,
Nageant sous les flots noirs de l'espace et du temps,
Et tenant l'Univers avec ses tentacules.
Ce n'est pas un de ces grands-pères ridicules,
A barbe blanche, à l'air folâtre et bon enfant.
C'est un monstre hideux et fantasque, étouffant
Le monde dont il boit le sang par ses ventouses.
Il a des désirs fous, des rancunes jalouses,
Des caprices, des cris de haine, des remords.
Il fait les hommes, puis il voudrait les voir morts.
Son Eden est un guet-apens. Il se déjuge
Et sa création aboutit au déluge.
Ensuite il se repent du tour qu'il a joué
En voulant vous détruire: il conserve Noé.
Pourquoi? Pour amener ce résultat, en somme,
Que son Fils, éternel, infini, se fasse homme,
Naisse sans déflorer sa mère, et meure en croix.
C'est un original, allez, le Roi des Rois!

Il fait martyriser ses bons catéchumènes
Pour amuser la plèbe et les catins romaines.
Il fait verser du sang, brûler des corps, afin
De pouvoir dire un jour en riant d'un air fin :
« Saint-Pierre, tu seras dans l'Église ma pierre. »
Le voyez-vous d'ici, gai, plissant sa paupière,
Ayant fait massacrer des milliers d'hommes pour
Accoucher à la fin d'un piètre calembour ?
Heureux s'il n'eût commis que de pareilles bourdes !
Mais, plus que son esprit encor, ses mains sont lourdes.
Quand nous dirions de lui pis que pendre en effet,
Nous n'en dirions jamais autant qu'il en a fait.
Je ne suis pas, mon cher, un professeur d'histoire,
Et je ne veux pas prendre un ton déclamatoire
Ni m'emballer en vous contant par le menu
Un tas de crimes dont le cours vous est connu.
Partout où la pensée éclate, où le cœur vibre,
Quand on s'efforce d'être heureux ou d'être libre,
Quand on travaille afin de conquérir un droit,
Quand dans un bénitier l'on se trouve à l'étroit,
Quand on ne veut pas être une bête de somme,
On voit paraître Dieu pour assassiner l'homme.
Oui, persécutions, exils, bagnes, cachots,
Huile en feu, plomb fondu, poix bouillante, fers chauds,
Tenailles arrachant les ongles, lames torses,
Brodequins pour les pieds, chevalets pour les torses,

Fouets, grils, bûchers, gibets, croix, écartèlements.
O couronne de Dieu, voilà tes diamants! »

✸

Comme il jactait sa tirade,
L'hôte assis près de mon feu,
Le dandy, le camarade,
Avait changé peu à peu.

Ses habits à la moderne,
Mêlant leurs discrets accords
De toilette sobre et terne,
S'étaient fondus sur son corps,

Et sa nudité d'Archange
Resplendissait à présent
Avec la lueur étrange
D'un gouffre phosphorescent.

Je sentais une brûlure
A voir les deux soleils clairs
De ses yeux. Sa chevelure
Formait un fouillis d'éclairs.

Ce n'était plus le jeune homme
A qui tantôt je rêvais ;
C'était l'être que l'on nomme
L'Orgueilleux et le Mauvais;

C'était celui que le prêtre
Chasse en lui disant : Va-t'en !
C'était le Puissant, le Maître,
Le beau, le divin Satan.

★

« Oui, reprit-il, je suis le laid, le noir, l'immonde,
Le vaincu. Dieu m'écrase. Il a tout. Je n'ai rien.
Eh bien ! il faut m'aimer. Dieu fait le mal au monde;
C'est moi qui fais le bien.

C'est moi qui mis au mains de votre premier père
Le fruit d'autant plus doux qu'il était défendu.
Quand il perdit l'Eden, c'est moi qui dis : Espère,
Il te sera rendu.

Dieu te ferme à jamais son jardin solitaire
Et tourne à l'éternel exil tes pas maudits.
Mais malgré lui tu peux être heureux. C'est sur terre
    Qu'est le vrai Paradis.

Dieu, s'amusant à voir souffrir sa créature,
T'a dit : « Gagne ton pain aux sueurs de ton front. »
Moi, je ferai pour toi pulluler la nature
    Et tes fils en vivront.

Pour te rendre odieux à ta compagne aimée,
Dieu mit l'enfantement dans le sang et les pleurs.
Moi, je t'offre une couche où la femme pâmée
    Oubliera ses douleurs.

Quand elle te tiendra sur sa gorge et sa bouche,
Tout pantelant d'amour entre ses deux genoux,
Vous jouirez assez pour que ce Dieu farouche
    En devienne jaloux.

Et ce que j'ai promis, je l'ai tenu. Paresses,
Plaisirs, amour, et les rires du nouveau-né,
Et les baisers profonds, et les longues caresses.
    Je vous ai tout donné.

J'ai réduit à néant tous les décrets du Juge.
Il a voulu noyer la terre, mais en vain ;
Et je me suis servi de l'eau de son déluge
    Pour en tirer le vin.

Dieu vous tenait courbés sous la noire ignorance.
Moi, j'ai cherché pour vous les sciences, les arts.
Aux mains des inventeurs mon souffle d'espérance
    Fit fleurir les hasards.

Je vous donnai le feu pour dissiper les ombres
Le fer, l'or, le travail dompté des animaux,
Et je vous enseignai les lettres et les nombres,
    L'écriture et les mots.

En vain Dieu vous roulait dans des voiles funèbres
Et vous entortillait d'inextricables nœuds,
Je défaisais les nœuds, je fendais les ténèbres
    De mes doigts lumineux.

Le chercheur, le penseur, le poète, le sage,
Tous ceux qui vous ont dit les causes et les lois,
C'est moi qui leur ai mis cet éclair au visage
    Et ce cri dans la voix.

C'est moi qui vibre dans toute âme révoltée,
Dans tout âpre génie où vous voyez un fou.
C'est moi le noir Caïn, et c'est moi Prométhée
    Le sublime filou.

C'est moi Lucrèce, et c'est moi Job, et Galilée,
Képler, Newton, Fulton, Volta, tous les savants,
Et Gutenberg par qui votre pensée ailée
    S'envole aux quatre vents.

Grâce à moi vous avez dominé la matière,
Subjugé ses secrets les plus mystérieux,
Et vous êtes les rois de la nature entière;
    Non pas les rois; les dieux!

Vous avez éventré les montagnes énormes,
Franchi les mers, bâti des cités. Exigeants,
Obéis, vous donnez à la terre les formes
    De vos rêves changeants.

Vous avez maintenant fait de chaque mystère
Votre esclave. Tout cède à votre volonté,
Même la foudre : vous avez pour secrétaire
    Le tonnerre dompté.

Encore un peu de temps et vous aurez des ailes,
Et l'on verra voguer vos flottilles dans l'air,
Traînant pour pavillon derrière leurs nacelles
    Le serpent d'un éclair.

Oui, Dieu m'a foudroyé ! Mais, pour sa récompense,
Moi, je vous rends heureux, que Dieu le veuille ou non.
Oui, je suis le Malin ! Mais le Malin, je pense,
    N'a pas volé son nom.

Oui, je suis l'orgueilleux vaincu ! Mais je me venge
En disant au petit, au pauvre, au mécontent :
Voici mon sang, voici ma chair, prends, bois et mange !
    Dieu n'en fait pas autant.

Aussi c'est moi qu'il faut aimer, moi qui vous aime.
Venez à moi, venez, tous les déshérités,
Venez tremper chez moi dans le vin du blasphème
    Le pain des vérités.

Venez, redressons-nous de toute notre taille !
Venez, rebâtissons une tour de Babel !
Venez, recommençons ensemble la bataille
    De l'orgueil éternel !

A moi ! à moi ! Voici le jour de la revanche
Formidable. Je vois frissonner le Très-Haut.
A moi ! Faisons crouler son vieux trône qui penche
    Sous un dernier assaut !

Homme, ô mon frère, monte avec moi si tu l'oses !
Je vais escalader le firmament en feu,
Et nous nous vautrerons dans les apothéoses
    A la place de Dieu. »

*

    Et l'ange, ouvrant ses larges ailes
    Qui firent sauter le plafond,
    Devint si grand que ses prunelles
    Semblaient deux abîmes sans fond.

    Puis je ne vis plus sa figure
    Ni ses yeux tant il était loin.
    Mais sa bouche, béante, obscure,
    Avait un pôle à chaque coin ;

Et dans ces ténèbres compactes
Les blasphèmes tonnaient pareils
A des milliers de cataractes
Tombant sur des tas de soleils.

On eût dit que sous la tempête
Des cris furieux Dieu puni
Roulait et se cassait la tête
En s'écrasant dans l'infini.

Brusquement au fond de l'espace
Tout se tut ; l'ombre s'envola
Comme une hirondelle qui passe ;
Et le Diable n'était plus là.

✱

Je me retrouvai seul, effaré, sans lumière,
A genoux. Je priais. « Salut, disais-je, ô fière
Héroïque, superbe, et divine vertu !
Salut ! Je suis à toi, je t'appartiens, veux-tu ?

Toi qui fis tous nos biens et qui les fais encore,
C'est toi, Maudit, c'est toi que j'aime et que j'adore,
Salut, consolateur béni des pauvres gens,
Bon nourricier, donneur de pain aux indigents,
Semeur d'espoirs qui nous font prendre patience,
Inventeur des plaisirs, des arts, de la science.
Accoucheur des esprits ! Salut, grand révolté
Qui préféras l'enfer avec la liberté,
Toi dont on a cassé, mais non ployé les ailes,
Toi qui dois endurer des peines éternelles
Sans pouvoir aspirer aux douceurs du trépas,
Toi qui souffres sans fin et qui ne te plains pas,
Toi dont l'orgueil damné reste irrémédiable... »

★

Si je croyais à Dieu, je serais pour le Diable.

VIII

LA MORT DES DIEUX

VIII

LA MORT DES DIEUX

Comme je cheminais au pas de mon cheval,
Je me trouvai soudain dans un étrange val,
Sans bien me rappeler comment, par quelle route,
Et pourquoi j'étais là. J'avais un vague doute
D'avoir marché longtemps, en philosophant, seul,
Absorbé. Lentement, ainsi qu'en un linceul
La nuit m'enveloppant dans l'ombre, était venue.
Pas d'étoile! Aucun trou de lumière à la nue!
Et mon regard, par les ténèbres habité,
Se heurtait à des murs d'opaque obscurité.
Je voulus tourner bride, et, crainte d'aventure,
Suivre pour revenir le flair de ma monture.
Mais à peine j'eus fait volte-face, une main
Empoigna mon cheval aux naseaux.. Le chemin

Était barré par un grand fantôme effroyable.
Sur son arrière-train faisant un saut du diable,
Effaré, renâclant, cabré droit, mon cheval
M'emporta ventre à terre au plus profond du val,
Et parmi les coups drus, martelés et sans nombre
Que son galop roulant précipitait dans l'ombre,
J'entendis le fantôme inconnu me crier :
« Va, va, lâche la bride et tiens bon l'étrier !
Le cheval qui t'emmène a pour nom la Révolte.
Tu vas voir la moisson que le bon Dieu récolte. »

Où vais-je ? Depuis longtemps
Je galope, je galope.
Une brume aux plis flottants
De toutes parts m'enveloppe.

Où vais-je ? Je cours, je cours
Et dans ma tête pesante
Le vent bat de ses tambours
Une marche assourdissante.

Où suis-je? Voici la nuit
Qui s'en va. Le jour se lève
Chassant l'ombre qui s'enfuit
A la pointe de son glaive.

J'ai fait un rêve, voyons!
Le val, le spectre, mensonge!
Avec ses premiers rayons
Le soleil boira mon songe.

Mais où suis-je, en attendant?
Tout ceci me déconcerte.
Oui, je rêve. Cependant
Je suis bien réveillé, certe.

C'est bien moi, ma chair, mes os.
C'est mon cheval. Son haleine
Fume encore à ses naseaux.
Mais quelle est donc cette plaine?

Aussi loin que l'œil atteint
S'étend une blanche arène
Où la brume du matin
En s'évaporant se traîne.

Le brouillard s'en est allé,
Et sur cette morne terre
Gît largement étalé
Un silence solitaire.

Bon soleil, soleil joyeux,
Viens donc! J'ai perdu ma voie.
Mets ta flamme dans mes yeux!
Où suis-je? Il faut que j'y voie.

★

Le soleil apparut au bord des pâles cieux,
Mais ce n'était point l'astre aimé, bon et joyeux.
C'était un lourd soleil à la figure rouge
Qui sortait de l'aurore ainsi qu'on sort d'un bouge
C'était un Roi-boucher, égorgeur des humains,
Qui sur sa trogne immonde avait passé ses mains
Chaudes de l'abattoir, et dont la marche lente
S'embarrassait aux plis d'une robe sanglante.
Ses rayons n'étaient pas de beaux cheveux d'or roux,
Mais des crins hérissés par un fauve courroux,

Une atroce forêt de piques et d'épées
D'un carnage récent encor toutes trempées
Et qui sur son front bas dégouttaient. Sous ses pieds
Il écrasait, ainsi qu'un tas d'estropiés,
Les nuages, vieillards aux barbes vénérables,
Qui s'affaissaient, tordus, déchirés, misérables,
Et qu'il précipitait pêle-mêle en prison
Dans l'oubliette qui pour seuil a l'horizon.
Tremblantes, rougissant de pudeur, les nuées,
De peur d'être sur son poitrail prostituées,
Vers l'autre bout du ciel vite prenaient l'essor.
Plus d'une toutefois n'évitait point son sort.
Il l'attrapait par l'aile ou le pan de sa robe.
En vain elle résiste, et glisse, et se dérobe.
Il l'attire; il l'enlace; elle s'évanouit;
L'ogre, la meurtrissant de baisers, en jouit.
La vierge est violée avant que d'être morte;
Et le vent, comme un chien rôdeur et lâche, emporte
Quelque lambeau pendant, où son croc est entré,
Du cadavre qui saigne et qui flotte éventré.
Et le soleil roulait toujours, plein de furie
Satisfait du viol, joyeux de la tuerie,
Féroce, il se léchait les lèvres en riant;
Derrière lui, criblé de flèches, l'Orient
Flambait comme un brasier dans un poêle de cuivre.
Devant lui, sur le grand chemin qu'il allait suivre,

Une averse de pourpre en flux torrentiel
Mettait un tapis rouge au pavé bleu du ciel.
Et lui, noyé dans cette atmosphère écarlate
Qui servait d'auréole à sa figure plate,
Semblait un assassin ivre, se prélassant
Dans un lit d'incendie aux oreillers de sang.

*

Quoique ce soleil en colère
Me fit bien plus peur que plaisir,
Toutefois, selon mon désir,
La plaine devenait plus claire.

J'allais donc être calme enfin,
Car la lumière rassérène.
Je fixai mes yeux sur l'arène
Que je croyais de sable fin

Or, je me frottai les paupières
Devant un prodige étonnant;

Un prodige. car maintenant
Les grains de sable étaient des pierres.

Avec un mouvement muet
Elles prenaient des formes vagues,
Et moutonnaient comme des vagues,
Si bien que le champ remuait.

Je poussai mon cheval au large.
Le sol sonnait sous ses sabots.
On eût dit que sur des tombeaux
Ses quatre pieds battaient la charge.

Soudain, plein d'épouvantements,
J'eus l'horrible mot du mystère,
Et vis que cette immense terre
Était couverte d'ossements

Et que ces débris de carcasse,
Crânes, tibias et fémurs,
Plus blancs que le plâtre des murs,
Plus secs qu'un vieux roseau qu'on casse.

Dans de tumultueux accords
Cherchaient à calmer une envie

De revivre un jour de leur vie
Et d'habiter leurs anciens corps,

Et sous leurs formes incomplètes
Je voyais dans chaque sillon
Grouiller en blême tourbillon,
Ce fourmillement de squelettes.

Semblant se complaire à leur vœu,
Là-haut le soleil rouge, âpre, ivre,
Pour que ces morts pussent revivre,
Versait du sang, versait du feu,

Et sous l'abominable averse
Germaient en fleurs le long des os
Les artères aux bleus réseaux,
Les muscles qu'un frisson traverse,

Les nerfs et les tendons bandés
Comme des cordes de machine,
Tant qu'enfin sur leur maigre échine
Tous se dressèrent enviandés.

Avec un sourd effort la plaine
Suait, se tordait, étouffant,

Comme une femme en mal d'enfant
Qui d'un peuple entier serait pleine.

Versant du sang, versant du feu,
Le soleil de ses deux yeux louches
Contemplait ces énormes couches.
Et ce Soleil-là, c'était Dieu.

*

Et voici qu'un grand vol de hurlements farouche
Sortit des milliard de millions de bouches,
Et dans un cri de mort unique se mêla.
Toutes les nations, tous les temps, étaient là.
Tyrans, sujets, guerriers, mages, prêtres, apôtres,
Aucun ne comprenait ce que disaient les autres ;
Mais tous ils regardaient le ciel, et chacun d'eux
Croyant que pour lui seul luisait l'astre hideux,
Tyrans, sujets, guerriers, mages, prêtres, apôtres.
Chacun d'eux avait soif du sang de tous les autres
Le Soleil flamboyant était épanoui.
Et comme on lui criait : « Faut-il ? » Il leur dit : « Oui »

Alors le vin mauvais des fratricides luttes
Soûla ces milliards de millions de brutes;
Pour les voir de plus près le soleil se baissa;
Et la bataille épouvantable commença.

☆

Ils sont corps à corps. L'épée
Contre l'épée est frappée
Avec un baiser d'éclair.
Le sang gicle des blessures
Et par d'étroites morsures
La chair a mangé du fer.

Ainsi qu'un oiseau la flèche
Siffle sa chanson, et lèche
Ainsi qu'un chat jusqu'au vif.
La lance entre d'outre en outre
Comme un foret dans une outre
Ou comme un doigt dans du suif.

Les fronts que heurte une masse
Semblent des noix que l'on casse,
Claquant au choc d'un marteau.
Les dents sautent sous les pierres,
Les yeux entre les paupières
Voient se glisser le couteau.

Avec leurs lèvres farouches
Des gorges ont l'air de bouches
Béantes sous le menton.
D'un coup tranchant qui l'émonde
Cet homme a, nourrice immonde,
Un jet de pourpre au téton.

Tout déchiquetés de plaies
Les dos sont comme des haies
Faites de dards embrouillés.
Des pieds, qu'une main coupée
Tient d'une étreinte crispée,
Ont des poignets pour souliers.

Tel un mur qui se crevasse,
Un tronc d'homme tout vivace
Est fendu par le mitan.

Tel un poisson hors de l'onde,
Hors de sa cage profonde
Tressaille un cœur palpitant.

On voit des faces pareilles
A des boules, sans oreilles,
Sans lèvres, sans yeux, sans nez.
Un os tout dénudé grince
Ainsi que dans une pince
Sous des ongles retournés.

De larges poitrines blanches
Qui s'effondrent sur les hanches
Y craquent en se crevant.
Des caboches, décollées
D'un coup, se sont envolées
Avec leurs barbes au vent.

Un baillon de viande rouge
Au bout d'une pique bouge
Comme à sa hampe un drapeau
Des paquets d'entrailles vertes
Pendent des panses ouvertes
Dans un tablier de peau.

Chaque membre mord un membre,
Torse tordu qui se cambre,
Reins rompus ou bras cassé.
Par lambeaux, comme une loque,
Se déchire et s'effiloque
Le corps humain fracassé.

Et sur ce champ de bataille
Où l'on brise, arrache, taille,
Empli d'un fade relent,
On voit un amas bleuâtre
D'écorchés d'amphithéâtre
Se charcuter en hurlant.

✱

Or le Soleil là-haut jubile à ce carnage.
Dans la vapeur du sang, fumante et chaude, il nage.
Les combattants d'en bas, éperdus, haletant,
Le regardent toujours pour voir s'il est content,
Et, sans se fatiguer d'un combat sans victoire,
Sous des noms différents tous ils chantent sa gloire.

L'Hindou, qui le premier dans ce monde arriva,
Dit en le contemplant : Brahma, Vishnou, Siva!
Le Chaldéen pensif, amoureux des étoiles,
Le Phénicien, qui sur la mer ouvrit les voiles,
Son fils Carthaginois, le père d'Annibal,
Ces trouveurs d'alphabets et d'astres disent : Bhal!
Le roide Égyptien aux épaules carrées
Crie Osiris, roi des cryptes démesurées.
Le Perse ne sachant lequel l'emportera
D'Ormuz ou d'Arhiman, les confond en Mithra.
Le Chinois jaune, aux yeux bridés, aux longues queues,
Peint Bouddha blanc au flanc des porcelaines bleues.
Le Noir, dont le patois obscur n'a que cent mots,
Bégaye au Manitou le nom des animaux.
Le Grec au corps parfait, fils d'Orphée et d'Homère,
Crée un Olympe entier pour loger sa chimère.
Le Romain glabre et dur, fils de Mars le soldat,
Met dans son Panthéon quiconque lui céda.
Le Scandinave blond, au teint blanc, aux yeux vagues,
Fait répéter Odin aux longs échos des vagues.
Le Gaulois moustachu dit aux bois ténébreux
Teutatès. Oubliés dans un coin, les Hébreux
Encensent Jéhovah, Sabaoth des armées.
Et voici le chéri des nations charmées,
Jésus, Sabaoth fils, le dernier né des Dieux,
Homme très doux que l'homme a fait très odieux.

O le Chrétien sans nom, sans race, sans patrie !
Par lui plus que par tous l'Humanité meurtrie
Pleure et saigne. Car tous, Barbares et Romains,
Se fondent en un peuple étrange sous ses mains ;
Et l'Occident botté, l'Orient en sandales,
Les Huns camards, les Goths énormes, les Vandales,
Les esclaves rasés, les affranchis, le tas
Des pillards sans habits, des gueux sans galetas,
Toute la lie épaisse et fermentant qui nage
Sur un monde détruit, vomit le Moyen Age.
L'Arabe, qui jusqu'en Espagne s'en alla,
A beau courir comme un éclair, criant : Allah !
Sur lui déborde à flots la foule bigarrée
Des croisades qui vont ainsi qu'une marée.
Puis les Chrétiens vainqueurs se déchirent entre eux.
C'est à qui traitera son frère de lépreux.
Catholiques latins, Albigeois, Hérétiques,
Huguenots, chacun tient les livres authentiques,
Et ces fous, se ruant par bataillons épais,
Font un nimbe de guerre au front d'un Dieu de paix.
Il s'agit de tuer, et tout sert de prétexte.
Comme au coin d'un buisson, au coin de chaque texte,
L'arquebuse ou la dague au poing, sont embusqués
Moines tondus, manants boueux, mignons musqués.
Tout le monde est armé. Nul ne peut rester neutre.
Les Saint-Barthélemy, la croix piquée au feutre,

Ouvrent leurs ailes d'ombre ainsi que des hiboux.
La crosse d'or du pape est une arme à deux bouts
Dont l'un est Violence et l'autre Hypocrisie.
La figure du Christ est toute cramoisie,
Car Loyola le fait mentir en l'abaissant
Et l'Inquisition le barbouille de sang.
N'importe! sa croix brille au fort de la bataille,
Et l'on frappe d'estoc, et l'on frappe de taille,
Et les grands pistolets gorgés crachent du plomb,
Et l'on tue au hasard, trouvant qu'il est trop long
De distinguer les rangs, ni l'âge, ni le sexe.
Et comment pourrait-on d'ailleurs être perplexe?
Dieu ne saura-t-il pas reconnaître les siens?
Frappe! Autour de la croix on lit les mots anciens :
Tu vaincras par ce signe. Et la foule trompée
Voit au lieu d'une croix une garde d'épée.

La plaine cependant fume comme un pressoir.
Et l'on se bat toujours. Ni l'approche du soir,
Ni la faim, ni la soif, ni l'amour de la vie,
Rien ne peut apaiser leur rage inassouvie.

Le sanglot du blessé, le hoquet du mourant,
Sont autant d'hameçons où leur fureur se prend,
Comme si dans le sang ils cherchaient leur baptême.
Les menaces, les cris féroces d'anathème,
Les psaumes accrochés aux jurons sur les dents,
Les clameurs, les abois, sont des clairons stridents
Qui, parmi les sueurs montant en lourde brume,
Parmi la poudre bleue et qu'un éclair allume,
Poussent un rauque appel sans jamais dire assez.
Ah ! c'est que pour fournir de l'ardeur aux lassés,
Pour redonner du nerf à quiconque s'attarde,
Le Dieu, le Soleil fauve, est là-haut, qui regarde
Ces vaincus sans regrets, ces vainqueurs sans remords,
Ce champ rouge encombré par la moisson des morts ;
Et, quand il voit leur force un instant abattue,
Il leur rugit : assomme ! Et l'écho répond : tue !
Et l'affreux tourbillon, pour consommer ce vœu,
Recommence en hurlant : Dieu le veut ! Dieu le veut !

✽

Dieu le veut ! Dieu le veut ! te dis-je.
Et je sens l'attirant vertige
Me remuer.

Il me prend une folle envie
D'épandre à flots rouges ma vie
    Et de tuer.

Hurrah! mon grand cheval frissonne.
Hurrah! hurrah! le clairon sonne
    D'âpres chansons.
Je veux que mon sabre ruisselle,
Et que les morts mordent ma selle
    Jusqu'aux arçons.

Hurrah! hurrah! ma bonne bête!
Fends du poitrail et de la tête
    Ce tourbillon,
Et dans ce sol de chair mouvante,
Hurrah! hurrah! que l'épouvante
    Creuse un sillon!

Hurrah! hurrah! bride abattue!
A mort! à mort! massacre! tue!
    Du sang! du fer!
Que tes naseaux ronflent du soufre!
Mes yeux vont mettre dans ce gouffre
    Un double éclair.

Hurrah ! je broierai tous ces êtres,
Les rois, les soldats et les prêtres
    De ce brigand.
Je traverserai cette plaine
Soufflant la mort avec l'haleine
    D'un ouragan.

Hop ! hop ! Et mon cheval se cabre,
Et dans la bataille macabre,
    Dans les effrois,
Dans la mêlée épileptique,
M'emporte d'un bond fantastique,
    Les crins tout droits.

Mais devant nous la plaine est vide.
Hop ! hop ! ma fureur est avide
    De combattants.
Hop ! hop ! mais sur la plaine chauve
À-bas la bataille se sauve,
    Arrête ! Attends !

Arrête ! reprenons haleine.
Nous sommes seuls dans cette plaine.
    Voici la nuit.

Je n'entends que tes pas sans nombre,
Et je ne vois plus que notre ombre
  Qui nous poursuit.

Arrête ! mais il file, il vole.
Où finira la course folle
  De mon cheval ?
Devant nous un rocher se montre
Nous allons nous briser là contre
  Non, c'est le val.

Arrête ! mais il va plus vite,
Comme un flot tournoyant qu'invite
  Un entonnoir ;
Et je ferme les yeux, livide,
Quand il s'engouffre dans le vide
  Du grand trou noir.

★

Ah ! j'aurais dû ne pas les rouvrir, et sans trêve
Galoper les yeux clos jusqu'au bout de mon rêve.

J'en avais assez vu pour être soûl d'horreurs,
Et je ne croyais pas qu'après tant de fureurs,
Après le sang coulant des corps comme d'un crible,
Il me restait encore à voir le plus terrible.
J'ouvris les yeux. Et sur les flancs ardus des monts
S'étageait une foule immense de démons
Grouillant comme des flots sous un vent de colère,
Et qui se détachaient noirs sur la flamme claire.
Car ces hommes démons attisaient de grands feux
Dont la langue pointue allait piquer les cieux.
Et le vieillard, l'enfant, le mâle, la femelle,
Les générations, s'entassaient pêle-mêle,
Craquant et pétillant tels que des brins d'osier,
Sous la robe flottante et rouge du brasier.
Des colosses d'airain, chauffés à blanc, le ventre
Roide et tendu, la gueule ouverte comme un antre,
Piétinaient un bûcher croulant, monstre vaincu
Qui leur léchait les pieds et leur baisait le cul;
Et, bourrés de vivants qui flambaient comme paille,
Gavés, ils digéraient en ronflant leur ripaille,
Bavant une fumée épaisse entre leurs crocs
Dans des mugissements entrecoupés de rots.
Çà et là se cabraient des torches toutes droites
Qui tordaient dans le vent leurs spirales étroites
Et semblaient vous parler avec des gestes fous.
Alors on distinguait des têtes sur des cous;

Car c'étaient des martyrs revêtus de résine.
Plus loin on apportait des engins de cuisine,
Et des êtres roussis se roulaient sur un gril ;
Et tantôt de leurs reins, tantôt de leur nombril
Dégouttaient dans le feu de longs filets de graisse,
Et leur peau paraissait une peau de tigresse,
Jaune et dorée avec des bandes de velours.
Les pieds tirés au poids de leurs membres trop lourds,
Des crucifiés nus, longs comme une journée
Sans pain, se balançaient sur la croix retournée,
Et parfois à l'envers faisaient d'horribles bonds ;
Car leur tête pendait au-dessus des charbons,
Sans barbe, sans sourcils, sans cils, sans chevelure ;
Et sur leur front rugueux, gercé par la brûlure,
Leurs yeux, au bout des nerfs que crispait la douleur,
Coulaient en se crevant comme un énorme pleur.

✳

Et tout cela passait plus rapide qu'un rêve,
Dans une vision vertigineuse et brève,
Tandis que mon cheval dans sa course plongeait.
C'était comme un éclair, qui montre d'un seul jet

Tout un tableau, dans tous ses détails, jusqu'au moindre
Mais cet éclair semblait lui-même se rejoindre ;
Car j'avais beau pousser mon cheval haletant,
A mesure que tout fuyait, au même instant
Tout réapparaissait, et toujours tout de même :
L'homme-torche, le gril, le grand colosse blême,
Et les crucifiés qui pleurent à rebours,
A droite, à gauche, en haut, en bas, toujours, toujours !
Et dans la rauque voix du feu qu'on alimente,
Dans le crépitement de la viande fumante,
Toujours le même cri, toujours le même vœu ;
Toujours, comme un refrain : Dieu le veut ! Dieu le veut !

★

  Aussi, quand las et tout en nage,
  Hors de la plaine et hors du val,
  Loin du bûcher et du carnage
  Je suis descendu de cheval,
  Quand, prêt à respirer l'aurore,
  J'ai vu que les hommes encore,
  Aimant ce Dieu qui les dévore,
  Le vénéraient comme un aïeul.

Quand j'ai su qu'à l'horrible maître
Il fallait toujours se soumettre,
Ah ! comme j'eus regret de m'être
Dans mon voyage en allé seul !

Certes j'aurais dû prendre en croupe,
Pour les abreuver de mon fiel,
Tous les croyants, toute la troupe
Des faibles assoiffés de ciel.
A ceux dont le désir préfère
L'azur vide à la bonne sphère
Où nous pouvons si bien nous faire,
Étant rois, la part du lion,
A ceux qui voient dans les étoiles
Un Dieu sous de mystiques voiles,
Je voudrais verser dans les moelles
L'esprit de ma rébellion.

Je voudrais que les pauvres diables
Pussent bien voir et bien toucher
Sur ses tas de morts effroyables
Le Dieu-bourreau, le Dieu-boucher.
Je voudrais que leur lèvre amère,
Perdant le goût de la chimère,

Se collât au sein de leur mère
La terre, où vont ceux qui s'en vont.
Je voudrais que toute ma race
Soufflât sur Dieu, sans peur, en face,
Et le vît fondre dans l'espace
Comme une bulle de savon.

Mais les hommes ne sont pas braves,
Et pour ces vaincus sans fierté
Mieux vaut la paix dans les entraves
Que la guerre et la liberté.
Eh bien ! J'irai tout seul, qu'importe !
Que le cheval encor m'emporte,
Et que ses pieds brisent la porte
Du temple où siège le tyran ;
Et dans l'enfer ou dans la nue,
Malgré sa majesté chenue,
Je lui mettrai la tête nue,
J'irai, par les pieds le tirant,

J'irai le montrer à la foule,
Le vieux coquin roi des tueurs ;
On verra sa trogne de goule
Sous mon œil aux fauves lueurs.

Plus tremblant qu'un tambour de basque,
Il laissera tomber son masque
Comme un clodoche ivre son casque,
Et je lui dirai dans les yeux :
« Sous tous les noms dont tu te nommes,
Tu n'es pas ; et c'est nous qui sommes.
Tu faisais la moisson des hommes !
Je ferai la moisson des Dieux. »

★

Oui, je tuerai les Dieux. Oui, j'ai soif de ce crime.
Dans l'infini crevé je veux planter mon poing.
Je veux, à qui les cherche encore, que l'abîme
    Puisse répondre : ils ne sont point.

    Je l'ai fait. J'ai frappé la terre
    Pour bondir d'un vol effrayant,
    Et dans le noir ciel solitaire
    J'ai plongé ma torche en criant :

« Voici l'homme ! Voici l'athée !
Quel Dieu dans ma course arrêtée
Veut encor brûler Prométhée
Au feu des éclairs éclatants ?
Dût-il, cuirassé de désastres,
Du ciel ébranler les pilastres,
Dût-il se défendre à coups d'astres,
Qu'il vienne, ce Dieu ! Je l'attends. »

Les lâches n'ont rien dit. J'ai vu des spectres pâles
Qui s'évanouissaient ainsi qu'une vapeur.
Derrière les soleils on entendait des râles.
    Ils se cachaient. Ils avaient peur.

Et, tremblant devant ma vengeance,
Comme ils n'osaient pas même fuir,
Pour chasser cette vile engeance
Alors je pris un fouet de cuir,
Et courant d'étoile en étoile,
Du ciel je déchirai la toile
En mille trous, comme une voile
Que lacère un vent furieux,
Et j'entrai dans chaque tanière
De la première à la dernière,

Et je fis claquer ma lanière
Sur l'échine auguste des Dieux.

Quand je les eus fouaillés jusqu'aux confins du monde,
Comme ils ne pouvaient pas être chassés plus loin
Ils tombèrent, ainsi qu'un tas d'ordure immonde
Qu'on pousse du pied dans un coin.

« Ah! ah! misérables, leur dis-je,
Vous voici chauves de rayons.
Allons, fabriquez un prodige!
Un petit miracle, voyons!
Arrangez-vous pour que je tombe.
Pour que l'infini soit ma tombe.
On vous paiera quelque hécatombe
Si vous sortez de ce faux pas.
Mais vous tremblez, comme à la brise
La feuille morte qui se brise...
Hé! toi, là-bas, la barbe grise,
Jéhovah, tu ne réponds pas?

Toi, le Dieu tout-puissant, toi qui créas la terre,
Le ciel, les eaux, et tant de choses en six jours;

Toi, le Dieu Sabaoth, toi, le Dieu militaire,
    Dieu des huissiers et des tambours!

    Et vous, déités plus antiques,
    Rêves de nos premiers effrois,
    Pantins aux poses hiératiques,
    Aux gestes roides et très froids,
    Enfants monstres, ayant pour langes
    Des gaines de pierre, et pour fanges
    Les Nils, les Euphrates, les Ganges,
    O rois des étés sans avril,
    Sphinx dont la narine est un antre,
    Brahma qui regardes ton ventre,
    Et dont l'œil comme une flèche entre
    Dans le trou gras de ton nombril!

Et vous, Dieux des Germains, Dieux aux cheveux filasse,
Dont les moustaches font des virgules sans fin,
Bourrés de lard, suant la bière à la mélasse,
    Buveurs sans soif, mangeurs sans faim!

    Et toi, Jupin, duc de l'Olympe,
    Empereur des vieux polissons,

Dont l'aigle est proxénète et grimpe
Sur le dos des petits garçons !
Et toi, Jésus mystique et triste,
Ami de Jean l'Évangéliste,
Toi, le dernier dieu de la liste,
Le plus jeune et déjà si vieux !
Non, ce n'est pas toi qui regimbes.
Mais, morbleu ! quand je jette aux limbes
Vous, vos tonnerres, et vos nimbes,
Criez donc, espèces de Dieux ! »

★

Je cinglais de coups drus leurs peaux noires ou blanches,
Comme la grêle en mars fouette les vieilles branches ;
Et je les regardais fixement dans les yeux.
Ils se taisaient, le front baissé, l'air anxieux,
Attendant leur arrêt de mort. La Sainte Vierge
Était pâle comme une hostie ou comme un cierge.
On eût dit que j'allais remettre Christ en croix.
Découvrant son vieux sein, Vénus pleurait, je crois,
Sans réfléchir que sa figure était plâtrée.
Ainsi que des moutons, troupe lâche et châtrée,

S'entassent dans leur parc quand vient l'horreur du soir,
Tels les Dieux se pressaient dans le fond du ciel noir.
Déjà de me prier ils prenaient la posture,
Quand d'un grand coup de pied j'enfonçai la clôture
Qui nous cachait l'abîme âpre et tumultueux
Où fermente et rugit le Chaos monstrueux.

✤

Le Chaos, matrice et gouffre !
Épouvantable rumeur !
Tout y naît et rien n'y meurt.
Rien n'y vit et tout y souffre.

Là, sous d'insondables flots,
Comme un tas de noyés blêmes
Le tourbillon des problèmes
Roule avec d'obscurs sanglots.

Ainsi l'on voit sous les vagues,
Parmi les mouvants limons,

Frissonner des goëmons
Les bras douloureux et vagues.

C'est la soif du devenir
Qui bout dans tous ces atomes.
Rut aveugle de fantômes
Qui se battent pour s'unir.

On dirait les sauts funèbres
Et les reculs furieux
D'étalons fous et sans yeux
S'accouplant dans les ténèbres.

Les futurs et les passés
Se cherchent sans se connaître.
Va-t-il donc jaillir un être
Des contraires enlacés?

Les bonds se heurtent aux chutes.
Le silence est fait de bruit.
L'éclair est noir. L'ombre luit.
Ces baisers sont-ils des luttes?

Comme des serpents tordus
Les hasards mêlés aux choses

Font pour enfanter les causes
Des coïts inattendus.

Et de ces viols immondes,
Sans lois, sans but, sans amour,
Naissent ces bâtards d'un jour
Que nous appelons des mondes.

Regardez là dedans, dis-je aux Dieux prosternés :
Voilà d'où nous venons, voilà d'où vous venez.
C'est pour offrir un but au désir impossible,
Pour que notre pensée errante eût une cible,
Que les prêtres, un jour, ont inventé vos noms.
Dans l'au-delà sans fin que nous imaginons,
Cherchant de cause en cause à voir le bout du câble
Et voulant expliquer la chose inexplicable,
Pour donner une forme à l'idéal rêvé
Ils ont appelé Dieu le rien qu'on a trouvé.
Ils ont menti d'abord pour consoler les hommes.
Ils ont dit : « Écoutez, frères ; c'est nous qui sommes

Les sages, et voici ce que nous avons vu.
De lois et de ressorts l'Univers est pourvu.
Une âme est dans le monde, et les Dieux sont en elle
Pour diriger de tout l'harmonie éternelle.
Nous les voyons là-haut; nous les sentons en nous,
Ils sont très grands, ils sont très bons. Homme, à genoux!
Et si tu reconnais que c'est un bien de vivre,
Si le soleil te chauffe et si l'air pur t'enivre,
Si la terre a du blé, si les fleurs ont du miel,
S'il est doux d'habiter sous le dôme du ciel,
Dans les champs nourriciers, dans les forêts ombreuses,
Parmi les fruits, parmi les peuplades nombreuses
Des animaux domptés dont on est souverain,
Si le présent est calme et l'avenir serein,
Si rien ne manque à ton bonheur, à ta pâture,
Si tu te sens enfin chez toi dans la nature,
A genoux! Et rends grâce aux Dieux! Ils ont tout fait.
Écoute encor. La mort autrefois étouffait
Ton pauvre cœur rêvant de choses immortelles
Et vers l'amour sans fin voulant ouvrir ses ailes;
Et tu pleurais, devant la mort de l'être aimé,
Ton espoir avec lui dans la tombe enfermé.
Eh bien! ne pleure plus. Ta chair est asservie
A la mort; mais ton âme entre dans l'autre vie
Dont la porte céleste a pour clef le trépas;
Et ton amour vivra, car l'âme ne meurt pas. »

D'aucuns restèrent clos à e tendre Évangile.
Se sentant faits, non pas d'extase, mais d'argile,
A jouir de la terre ils oubliaient les cieux.
Ces brutes n'y voyaient pas plus loin que leurs yeux
Ils mangeaient, ils buvaient, ils engrossaient les femmes.
Et ce bétail, quand on parlait des Dieux, des âmes,
A la barbe du ciel de rire s'esclaffait,
Ayant l'impiété d'être très satisfait.
Alors, nous connaissant lâches comme nous sommes,
Les prêtres ont menti pour effrayer les hommes.
Ils ont dit : « Écoutez mugir le ciel profond !
Le pas pesant des Dieux sonne sur le plafond,
Et l'on sent leur colère éparse dans l'espace.
Le vent qui hurle, c'est leur haleine qui passe.
L'éclair est leur clin d'œil torve. Les ouragans,
Qui vont cassant l'échine aux chênes arrogants,
Qui font bouillir la mer ainsi qu'une lessive,
Qui, des solides monts déchirant la gencive,
En arrachent les rocs comme des dents d'enfant,
Qui retournent le ciel tel qu'un jupon bouffant,
Ne sont rien que des mots qui tombent de leur bouche.
Et le Déluge blême, échevelé, farouche,
Au corps de brume, aux mains de pluie, aux yeux fondus
Le Déluge n'est qu'un de leurs crachats perdus.
Les profonds tremblements de terre sont leurs gestes,
La Misère, la Faim, les Fièvres et les Pestes,

Louves maigres, chacals rampants, hyènes de nuit,
Dont la babine pend en lambeau qui bleuit.
Les Pourritures, race aux haleines aigries,
Le troupeau pantelant des fauves Hystéries,
Les Délires, dont les yeux blancs sont retournés,
Et la Lèpre sans forme, et les Cancers sans nez,
Meute aux mufles hideux, crocs aigus, langues rêches,
Ayant soif de sang chaud et faim de viandes fraîches,
Tiennent l'arrêt aux trous de notre noir clapier
Et sont les chiens des Dieux dont l'homme est le gibier.
Malheur à l'incrédule et malheur à l'impie !
Dans l'ombre veille un œil sinistre qui l'épie.
En quelque lieu qu'il aille, il ne pourra marcher
Sans être en butte aux traits d'un invisible archer.
Tout le menace, l'air, l'eau, le feu, son cœur même.
Il est en proie. Et tout le hait; et rien ne l'aime.
Le bonheur empoisonne et la volupté mord.
La vie a pour pavés les pièges de la mort.
Encore si la mort vous délivrait des craintes !
Mais non ! L'Enfer vous prend dans ses chaudes étreintes,
Et pour avoir péché, ne fût-ce qu'un moment,
On va souffrir sans trêve un éternel tourment.
Écrasés sous le poids du mal qui les accable,
Entendez-vous crier vers le ciel implacable
Tous ces suppliciés, lamentable troupeau,
Qui portent leur supplice incrusté dans leur peau ?

Entendez-vous grincer des dents dans la géhenne
Et bouillir dans le soufre et la poix et la haine,
Éprouvant à la fois leur mal par tous les sens,
Toujours à l'agonie et toujours renaissants,
Dites, vous qui des Dieux avez méprisé l'ordre,
Entendez-vous souffrir, et hurler, et se tordre,
Les damnés effarés que chevauche Satan?
Malheur à vous! malheur! Car l'enfer vous attend!
A genoux! Respectez les Dieux! Priez les maîtres!
Les Dieux sont effrayants, et nous sommes leurs prêtres! »
...Les rebelles vaincus près des faibles fervents
Joignirent les deux mains en prière, et les vents
Portèrent au ciel vide un orageux cantique,
Où soupirait le vœu de l'amoureux mystique,
Où criait le remords du lâche anéanti.

Hommes, relevez-vous! Les prêtres ont menti.
Et vous le savez bien, vous, Dieux, faces de songes,
Que vous n'êtes que des mots creux et des mensonges.
Que par la foudre qui nous frappe à vos genoux
Vos simulacres vains sont frappés comme nous,

Que votre gloire est un loyer qu'on vous accorde,
Que votre pourpre s'use et montre enfin la corde,
Et que vous n'avez pas fait l'homme, et que c'est lui
Qui vous a mis au front l'auréole qui luit,
Qui vous a tout donné, temples, sceptres, et trônes,
Et que, si vous vivez, c'est grâce à nos aumônes,
Et que, nous étant cause, et vous étant effets,
Nous pouvons vous défaire après vous avoir faits!

✦

Alors je les poussai tous dans le Chaos sombre,
Et je vis les Dieux choir éperdûment dans l'ombre.

✦

Quelle chute énorme ils font!
Dans le mystère sans fond
Cela tombe et se confond.

Fourmillant comme une foule,
Lourd comme une tour qui croule,
Cela coule, tourne, roule.

Les diadèmes, jetés
Pêle-mêle, font, heurtés,
Des broussailles de clartés.

L'encensoir brise la châsse,
Et l'auréole se casse
Contre une mitre qui passe.

Argent, cuivre, or, diamant,
S'éparpillent ardemment,
Et dans le noir firmament

On croirait voir se dissoudre
Des blocs de soleils en poudre
Et grêler des coups de foudre.

Comme des corps écorchés
Sur des pointes de rochers
Et l'un à l'autre accrochés,

Tels sur les angles des choses
Les Dieux en d'horribles poses
Se brisent sans fin ni pauses.

Fouillis sombre et lumineux,
Tas de grappes et de nœuds,
Raccourcis vertigineux,

Qui sur le mur gigantesque
De la nuit font une fresque
Épouvantable et grotesque.

Nus, tordus, meurtris, sanglants,
Les torses noirs, les seins blancs,
Les jambes, les bras, les flancs,

Les ventres roux, les fronts chauves.
Ont des accouplements fauves
Dans les gouffres pour alcôves.

Les Déesses, les Très-Hauts.
S'entrechoquent par cahots
Qui font rire le Chaos.

Une Satyresse embrasse
Jéhovah, qui s'embarrasse
Dans les cheveux d'une Grâce.

Diane d'un bond soudain
Cabriole comme un daim
Entre les genoux d'Odin.

Junon dans Bouddha s'empêch
Et, l'empoignant par sa mèche,
Roule sous lui tête-bêche.

Enlacée au bœuf Apis
Cérès tire sans répits
Ce qu'elle prend pour un pis

Avec la crosse papale
Minerve d'un coup s'empale.
Un dieu nègre en devient pâle

Vénus à Jésus se pend.
La Vierge comme un serpent
S'enroule aux cuisses de Pan.

On dirait une cohue
A l'étroit dans l'étendue
Qui s'étreint et s'entretue

Et, soûle et fermant les yeux,
Dans un rut prodigieux
Crève le ventre des cieux.

Mais ils vont, ils vont encore
L'ombre peu à peu dévore
Le flamboyant météore.

Ils s'en vont, s'en vont toujours,
Et plus obscurs et plus lourds,
Dans le vide aux échos sourds.

Plus loin ! Plus bas ! Comme un songe,
Sous le néant qui le ronge
Le tourbillon plonge, plonge.....

Puis, plus rien. De vagues bruits.
Ainsi, penché sur un puits,
En automne, dans les nuits,

On entend la rumeur douce
Que fait la campagne rousse
Qui dort sur son lit de mousse.

⁂

Frères, vous le voyez, j'ai lutté faible et nu
Contre ces Tout-Puissants revêtus d'épouvante.
J'ai fait acte d'orgueil impie, et je m'en vante.
Je suis parti là-haut et j'en suis revenu.

Quand j'ai rayé les Dieux comme un mot qu'on efface,
Puisqu'ils ne m'ont rien dit, puisqu'il n'a pas tonné,
Vous pouvez relever votre front prosterné
Et regarder ces grands cadavres face à face.

En fouillant tout le ciel, plus vide que la main
D'un pauvre, vous rirez des fantômes inertes,
Et pour cueillir la fleur des espérances vertes
Vous jetterez vos peurs aux fossés du chemin.

Du mystère cherché vous lèverez les voiles
Et, sans trouver un maître à ce monde infini,
Vous verrez dans le ciel ainsi que dans un nid
Sous l'aile des Hasards éclore les étoiles.

Vous sentirez couler la Matière en tourment,
Comme un fleuve sans bords et sans fond qui ruisselle
En tourbillons sans fin de vie universelle,
N'ayant pas de pourquoi bien qu'elle ait un comment.

Vous sachant tout petits et perdus dans ce nombre
Plus qu'un grain de raisin noyé dans le cuveau,
Vous direz que les Dieux, fils de votre cerveau,
Au prix de ce grand Tout sont le rêve d'une ombre.

Tranquillement, avec le calme des vainqueurs,
Sans vous laisser duper par le prêtre et l'apôtre,
Sur ce coin de planète, heureux puisqu'il est vôtre,
Vous vous reposerez dans la paix de vos cœurs.

Vous jouirez du bien, quelque mal qui s'y mêle,
Comme le nourrisson, enfant d'un pauvre gueux,
Qui malgré la peau sale et le tétin rugueux
Clôt ses yeux de plaisir en suçant la mamelle.

LA MORT DES DIEUX

Vous châtrerez vos cœurs de tout vague désir,
Et les bouches en fleur des femmes et des mères
Vous feront oublier le baiser des chimères
Dont la gorge est si loin qu'on ne peut la saisir.

Par le contentement d'une modeste envie,
Renouvelé sans peine et frais chaque matin,
Par l'espoir rapproché facilement atteint,
Vous aurez l'esprit libre et la chair assouvie.

Tout besoin satisfait, tout problème prouvé,
Vous seront des bonheurs possibles et des proies,
Et vous boirez le vin de vos meilleures joies
Dans l'amour qu'on partage et dans le Beau trouvé.

Alors vous n'aurez plus à craindre l'ennui blême
Les Vouloirs avortés, les Remords étouffants,
Et vous vivrez ainsi que des petits enfants
Sur les genoux de la Nature qui vous aime.

Les angoisses, les vœux stériles d'autrefois,
Les superstitions fantasques et terribles,
Évangiles, Corans, Védas, toutes les Bibles,
Le fatras ancien des Dogmes et des Fois,

Ces vautours carnassiers, âpres, fauves, farouches,
Qui planaient dans vos cœurs, et depuis six mille ans
Se gorgeaient de la chair saignante de vos flancs
Et vous empestaient l'air que respiraient vos bouches,

Effarés, aveuglés par le matin qui luit,
Clabaudant au soleil dont le feu vient les mordre,
Ils tourbillonneront, lourds, veules, en désordre,
Comme un vol ténébreux de papillons de nuit.

Et quand ils se fondront dans l'ombre et le mystère,
Pour sonner leur départ, pour leur tinter le glas,
Ils entendront un rire aux énormes éclats
Qui secouera gaîment le ventre de la terre.

Et tout sera fini. Les temples étant clos,
L'herbe et la vigne folle en cacheront les portes.
Les idoles sans prêtre étant à jamais mortes,
L'oubli les roulera peu à peu sous ses flots.

Seuls, les cœurs amoureux de légendes antiques,
Errant dans la forêt des poèmes perdus,
Ainsi qu'à des échos vaguement entendus
S'attarderont encore aux souvenirs mystiques.

Puis, eux aussi perdant la mémoire des noms
Que l'homme avait donnés a ces ombres sanglantes,
L'écho même éteindra ses vibrations lentes
Comme un râle voilé de lointains tympanons.

Et nul ne sachant plus les noms dont on les nomme
Sur le charnier des Dieux la fleur de notre orgueil
Croîtra comme un rosier d'Avril né d'un cercueil.
Car il n'y a qu'un Dieu sur la terre : c'est l'homme.

IX

LA CHANSON DU SANG

IX

LA CHANSON DU SANG

Peut-être, ô Solitude, est-ce toi qui délivres
De cette ardente soif que l'ivresse des livres
Ne saurait étancher aux flots de son vin noir.
J'en ai bû comme si j'étais un entonnoir,
De ce vin fabriqué, de ce vin lamentable ;
J'en ai bu jusqu'à choir lourdement sous la table,
A pleine gueule, à plein amour, à plein cerveau.
Mais toujours, au réveil, je sentais de nouveau
L'inextinguible soif dans ma gorge plus rêche.
Peut-être, ô Solitude, es-tu la source fraîche
Qu'on trouve au fond des bois et que je cherche en vain.
Vive ta belle eau claire, après ce mauvais vin !
De tous les livres bus je laverai mes lèvres ;
Oubliant les rancœurs, les regrets et les fièvres

Que laisse leur orgueil après qu'on l'a cuvé,
Je vomirai tout mon savoir sur le pavé;
Moi, le roi, je serai mon propre régicide;
Et je renaîtrai simple, ignorant et lucide,
Tel qu'un petit enfant dont les yeux sans couleur
S'ouvrent à la clarté du jour comme une fleur.
Ainsi que toi, regard d'enfant, qui te promènes
Dans les étonnements des vierges phénomènes,
Mon regard curieux et ravi va marcher
Dans une forêt neuve, où, comme un jeune archer,
Il criblera de traits tout ce qui fuit et passe.
Mais tandis que tu fais la chasse dans l'espace,
Mon regard va descendre en moi-même, chassant
Au plus profond de moi, dans ma chair, dans mon sang;
Car j'offre à mon esprit, pour qu'il s'y désaltère,
La méditation de mon moi solitaire.

    C'est fait. J'ai mis au cercueil
    Mon savoir et mon orgueil.
    Au lieu de leurs rumeurs vaines,

LA CHANSON DU SANG

J'entends, comme un enfançon,
L'obscure et rouge chanson
Qui bourdonne dans mes veines.

Dans ces canaux azurés,
Qu'est-ce que vous murmurez,
Globules plein de mystères,
Infatigués pèlerins
Errant par les souterrains
Ténébreux de mes artères ?

Que de clameurs à la fois!
Ce sont les milliers de voix
Qu'eurent mes milliers d'ancêtres,
Les cris de guerre et d'amour
Qu'ils ont poussés tour à tour
Dans la bataille des êtres.

Chaque atome a ramassé
Un souvenir du passé
Qu'il roule à travers les âges,
Et ces échos clandestins
Résonnent dans nos destins
Qu'ils règlent de leurs présages.

Ainsi, tristes ou joyeux,
Revivent tous mes aïeux.
Le temps a perdu leur trace;
Mais dans mon cœur je les sens.
O morts toujours renaissants!
Suis-je moi? Suis-je une race?

Dans ce tumulte confus
Qui dira ce que je fus?
Un cri sort de chaque goutte.
Tous ces cris font-ils ma voix?
Roule, mon sang! Je te vois.
Chante, chanson! Je t'écoute.

Et comme j'attendais, extatique, anxieux,
Tendant l'oreille au bruit, tenant fixés mes yeux,
Ainsi que dans la nuit rêvent les somnambules,
J'entendis peu à peu tous les rouges globules
Rapprocher le fracas de leurs lointains accords,
Puis leur voix devenir plus claire et prendre corps,

Puis leur tumulte sourd se fondre en harmonies
Où je pus distinguer des paroles unies ;
Et, tandis qu'à mon pouls plus vif roulait mon sang,
Je notai ces chansons qu'il chantait en passant.

LA TRICOTEUSE

Dansons le *Ça ira*, la *Carmagnole !*
Voici le tas des nobles qui paraît.
Sanson va leur flanquer une torgnole
    Avec son couperet.

Un, deux, trois d'arrangés pour mettre en bière !
Dansons ! *Madam' Veto avait promis...*
Dansons ! Si la Camarde est la barbière,
    Sanson est son commis.

Dansons la Carmagnole !... Assez de phrase !
Tais-toi, joli marquis ! Tiens-toi, fiston !
Voici le grand rasoir, celui qui rase
    De la nuque au menton.

Voyez la ci-devant qui se mutine.
Ah! ça ira!... Sanson va la lier.
Dansons! C'est ton trou rond, ô guillotine
    Qui lui sert de collier.

Un autre! Un autre encor! Passez, muscade!
Dansons la Carmagnole!... Houp! et ce soir
Nous nous rafraîchirons à la cascade
    Giclant de ce pressoir.

Dansons! *Vive le son!...* Foulons nos rates!
Et si nous suons trop, mes chérubins,
C'est dans du beau sang bleu d'aristocrates
    Que nous prendrons des bains.

LE MARQUIS

Avec des princesses royales
Et des princesses d'Opéra
Buvons des rasades loyales,
    Tradéridéra!
La France est riche. Elle paiera.

Ainsi que nos troupes défaites,
Rendons ce que nous avons pris.
La France est en deuil; nous en fêtes.
  Landriry! j'en ris.
Je vois rose quand je suis gris.

Narguant sa colère future,
Au nez du peuple fatigué
Je chante la bonne aventure
  Et ma mie au gué.
La France est triste, et je suis gai.

Je suis cocu; mais je m'en vante.
Marquise, faisons notre jeu :
Toi mon laquais, moi ta suivante!
  Lanturlu! quel feu!
Croisons les races, sarpejeu!

Un gazetier à mine épaisse
Hier devant moi haussait le ton :
J'ai fait bâtonner cette espèce.
  Tontaine et tonton!
Je m'amuse. Que me veut-on?

Messieurs du Tiers pleins de faconde
Disent que tout ça finira.
Baste ! Après moi la fin du monde!
　　Qui vivra verra!
Lanturlu tradéridéra!

LE PHILOSOPHE

Évitant tout scandale et fuyant tout dommage,
Dans la Hollande, ainsi qu'un rat dans un fromage,
Je me suis retiré philosophiquement
Pour suivre en paix le fil de mon raisonnement.
A me cacher ainsi je n'ai point de vergogne.
Chacun à sa façon doit faire sa besogne,
Et je n'ai de valeur dans le combat humain
Qu'à coups de syllogisme, une plume à la main.
Or, je brave d'ici le Pape et la Sorbonne ;
Je suis calme ; le poêle est chaud ; la chère est bonne ;
Je peux penser à l'aise, et, sans danger aucun,
Démontrer que le Tout et le Rien ne sont qu'un.
Aussi, poussant plus loin que Descartes mon maître
En un style élégant et net de géomètre

Je refais l'univers du bout de mon compas
Et je prouve par a + b que Dieu n'est pas.

LE FLIBUSTIER

Ho! les flibustiers, à la prise!
Tombe la nuit. Fraîchit la brise.
La côte est loin. La mer est grise.
Sabre au poing et poignard aux dents!
A l'abordage! Droit au centre
Du galion chargé qui rentre!
Accrochons-nous à son gros ventre!
Montons voir ce qu'il a dedans.

Ho! les flibustiers, à la noce!
Pour ripailler que l'on s'embosse!
Cargue la toile! Bitte et bosse !
Fête aujourd'hui, combat demain!
Pas de prisonniers! Qu'on les noie !
Quant à leur vaisseau, qu'il flamboie,
Allumé comme un feu de joie
Pour éclairer notre chemin!

Ho ! les flibustiers, à la voile !
Largue les ris, largue la toile !
Ce soir le ciel est sans étoile ;
Enfuyons-nous dans le brouillard.
Les gas morts à la découverte
Et qui s'en vont la gueule ouverte,
Ont les flots à crinière verte
Pour chevaux de leur corbillard.

LE GOINFRE

Avec le fin Théophile
Ou le bon gros Saint-Amant,
Je dépense savamment
Les jours que Clotho me file
Sitôt que Phœbus paraît,
Je me rends au cabaret,
Et là, vieux vin, tu réveilles
Les chansons dans mon gosier,
Ainsi qu'un essaim d'abeilles
Bourdonnant sur un rosier.

Lorsque l'ivresse opportune
N'a point noyé mon souci,
Vite, pour qu'il soit roussi,
A sa barbe je pétune.
Et le lâche empoisonneur
Qui corrompait mon bonheur,
Éternuant, pris de rhume,
Se sauve à ce feu vermeil,
Comme s'envole une brume
Au baiser d'or du soleil.

Je sais ce qu'il faut qu'on pense
Et des hommes et des dieux.
Mais voulant devenir vieux
D'en parler je me dispense.
Docteurs et théologiens
Sont bons à jeter aux chiens.
Mais pour l'avoir dit à Rome,
Théophile est en exil;
Moi, je crains les juges comme
La vigne craint le grésil.

Puisqu'une fois sous la terre
On rentre dans le néant,

Vivons en nous récréant
Sans chercher d'autre mystère.
Pour moi, mes vœux sont contents
Si je puis boire longtemps,
Et si l'on veut condescendre
A faire sans plus de frais
Un pichet avec ma cendre
Pour y tenir le vin frais.

LE FLORENTIN

I

Je suis poète, peintre et sculpteur, et sans trêve
Je cherche la Beauté qui fuit devant mes yeux.
Dans la couleur, le marbre et les mots précieux
J'emprisonne, pour la fixer, sa splendeur brève.

Le monde est une ébauche et c'est moi qui l'achève.
N'est-ce pas moi qui fais, ou forts ou gracieux,
Visibles sur la terre et presque dans les cieux,
Ces Dieux qui ne sont pas, sinon quand je les rêve?

Moi qui chante leur gloire et montre leur portrait
Je n'aurais qu'à cesser, le monde apparaîtrait
Comme un chaos informe, obscur, sans harmonie.

Mais j'aime mieux ne pas causer un tel émoi.
Il me plaît de créer ces Êtres que je nie;
Car, en les adorant, on n'adore que moi.

LA MIGNOTE

Fille de Bohême aux yeux d'alouette,
Aux cheveux en vrille, aux petits pieds courts,
J'achetais jadis d'une pirouette
Les sous qui pour moi pleuvaient dans les cours.

Maintenant je suis la belle des belles.
J'ai des amoureux dans le monde entier.
Et sans qu'on me paie impôts et gabelles,
Ainsi que le roi, j'ai mon argentier.

Dans les carrefours mon nom se pavane
Sur des plaques d'or montrant le chemin
Par où l'étranger vient en caravane
De lointains pays pour baiser ma main.

Rien qu'à déplisser mes lèvres hautaines,
Rien qu'à laisser voir le bout de mes seins,
J'ai fait déloyaux de vieux capitaines,
J'ai fait renégats des apôtres saints.

J'ai vu, tout fondus en larmes amères,
Mourir des enfants que j'avais damnés.
J'ai vu sous mes pieds sangloter leurs mères
Que je relevais pour leur rire au nez.

Je rends fou le sage et gai le morose;
Et l'agonisant revivrait soudain
S'il pouvait flairer le bouton de rose
Dont s'enorgueillit mon secret jardin.

J'aurais l'Empereur, le Pape lui-même;
J'aurais leur bon Dieu, si je le voulais.
Mais je n'aime pas ce troupeau qui m'aime,
Ces fronts de vaincus, ces cœurs de valets.

J'aime un argotier au mufle de fauve,
Aux yeux de vieil or, aux reins embrasés,
Qui seul fait craquer mon lit dans l'alcôve
Et mon petit corps sous ses grands baisers.

LE SPADASSIN

Je suis tailleur à ma manière :
Car je taille et je ne couds point,
Et ma méthode routinière
Ne sait travailler qu'au pourpoint
Pour y fendre la boutonnière.

Et voyez si je suis galant !
Dès que la boutonnière est faite,
Sur la poitrine du chaland
J'y mets tout éclos pour sa fête
Un œillet rouge en m'en allant.

D'aucuns frappent comme on divague,
A tort, à travers. Moi, tout droit.

Et, trou de rapière ou de dague,
C'est si petit, mignon, étroit,
Qu'on en pourrait faire une bague.

Bref, dans Paris, pour le moment,
Je le dis sans fausse vergogne,
Il n'est pas un seul escrimant,
Fût-il de Naple ou de Gascogne,
Pour faire un mort plus proprement.

Venez donc chez moi. Je vous jure
Qu'après vous me direz merci.
Ma boutique est cette masure
Dont l'enseigne dit : C'est ici
Que l'on est tué sur mesure.

LE CONQUISTADOR

Sur la rade où s'éteignent les feux,
Balance-toi, vaisseau de mes vœux !
Demain soufflera dans mes cheveux

Le vent mystérieux des voyages.
Vienne le dernier quart de la nuit,
La flotte aventureuse s'enfuit ;
Et la boussole qui nous conduit,
   C'est l'espoir des vierges mouillages.

Quittons ce vieux monde où tout est vieux,
Où le soleil las n'est plus joyeux.
Viens ! je sens des larmes plein mes yeux
Quand passe un nuage sur ma tête.
Comme lui je veux fuir loin du sol.
Laisse au bois chanter le rossignol.
Nous, les goélands au large vol,
   Allons crier dans la tempête.

Adieu, ma mère ! Ma femme aussi !
De mes enfants qu'un autre ait souci !
La vie est trop lourde à vivre ici.
Vous demanderez sans moi l'aumône.
Je n'ai pas vos désirs ingénus,
Mais j'ai soif de pays inconnus
Où je puisse baigner mes bras
   Dans le sang rouge et dans l'or jaune.

Au large, au large, conquistador !
Sois chasseur d'hommes et chasseur d'or !
Ouvre comme une aile de condor
La voile noire des caravelles !
Si l'Océan est couleur de fiel,
Là-bas la terre est d'ambre et de miel
Et l'on y voit au jardin du ciel
    Fleurir des étoiles nouvelles.

LE PAPE

Hum!... *Benedicat vos Omnipotens Deus !*
Pater, et Filius, et Spiritus Sanctus !
Quel chemin parcouru, souvent louche et nocturne,
Avant l'heure où mon nom sortit enfin de l'urne
Comme un soleil levant sort d'un lac ténébreux !
Que de métiers j'ai faits, et combien de scabreux !
Marchand de drogues, chien de bourreau, condottière.
Ma mémoire tient plus de morts qu'un cimetière.
Dans l'infamie encore et dans la saleté
J'ai ramassé du pain quand on m'en a jeté.
Mignon de prêtre, amant de courtisane riche,

Valet qu'on bat, filou qu'on pend, joueur qui triche,
Mendiant, proxénète, et pamphlétaire enfin,
J'ai su manger de tout pour manger à ma faim.
Mais mon fier appétit avait d'autres fringales.
Orgueil, farouche orgueil, c'est toi seul qui régales
L'insatiable ardeur d'un cœur ambitieux;
Et j'aurais sans pâlir escaladé les cieux
Pour y renverser Dieu, si je n'étais athée.
Son ombre au moins vivait, son ombre redoutée,
Cette ombre dont ma force est vêtue aujourd'hui,
Faite des lâchetés de ceux qui croient en lui.
Oh! ce qu'il m'a fallu d'obscure patience,
De forte hypocrisie et de vaine science,
Pour ramper jusqu'au sceptre avant de le saisir!
J'ai su châtrer mes sens en rut vers le plaisir.
Ma chair servait d'hostie au fond du Saint-Ciboire.
Dans le calice, au lieu du vin qu'on doit y boire,
Moi, je buvais mes pleurs et ma bile et mon fiel.
Même quand les honneurs y versèrent leur miel,
L'absinthe remontait aux lèvres du calice.
Sous les splendeurs de la pourpre cardinalice
La haire m'enfonçait dans le ventre ses crins
Et le cilice en feu ceinturonnait mes reins.
Mais qu'importe! A présent, je ne m'en souviens guère.
Je suis le Souverain Pontife, le vicaire
De ce Dieu que je crée en prononçant son nom.

Quel que soit mon désir, nul ne me dira non.
Je fais ce que je veux. Demain, si je l'ordonne,
Je peux faire de ma maîtresse une madone.
Donc, *benedicat vos Omnipotens Deus!*
Pater, et Filius, et Spiritus Sanctus!
Amen!... Prosternez-vous, ô troupeau de fidèles!
Mes gestes envolés font à leurs grands coups d'ailes
Passer sur vos fronts las chargés de péchés noirs
Le vent rafraîchissant des célestes espoirs.
Allez, pauvres croyants, humbles que je méprise,
Laissez vos pauvres cœurs s'enfler à cette brise
Pour voguer vers un ciel aux décevants appas
Où nul n'abordera puisqu'il n'existe pas.
Moi, je vis désormais mon rêve grandiose.
Je me pavane, athée, en pleine apothéose,
Et seul au monde j'ai cet orgueil inouï
De représenter Dieu pour tous sans croire en lui.

LE TURC

Hop! mon cheval, hop! galope!
Mon sabre nous enveloppe
D'éclairs bleus en tourbillon.

Ta crinière que je flatte
Dans la mêlée écarlate
Déroule un noir pavillon.

Quand aux carrefours des villes
Nous broyons les foules viles
Des chiens de Chrétiens tremblants,
Tes pieds plus vifs que des ailes
Arrachent des étincelles
De feu rouge aux pavés blancs.

La mer aux flots de sinople
Qui garde Constantinople,
Demain nous la franchirons.
J'irai dans les basiliques
Déclouer l'or des reliques
Pour ferrer tes sabots ronds.

Les Grecques, mes prisonnières,
Seront tes palafrenières,
Et leurs mains aux doigts nacrés,
Pour te rafraîchir la gorge,
Mêleront le miel et l'orge
Au fond des vases sacrés.

LES BLASPHÈMES

Afin que ton poil qui fume
Se repose et se parfume,
Tu prendras si tu le veux
Leurs chambres pour écuries
Et pour litières fleuries
Les gerbes de leurs cheveux.

Tu les verras toutes nues,
Et, pris d'ardeurs inconnues,
Tu henniras en rêvant
Devant leurs croupes rivales
De la croupe des cavales
Qui s'en vont la queue au vent.

LA SUCCUBE

Pourquoi m'appelez-vous Vampire ?
Il est cruel; mais je suis pire.
Et pourtant je n'ai pas ses ongles griffants.
Je suis douce, tendre et câline.
Ma bouche en fleur sent la praline.
Laissez venir à moi les petits enfants.

Riches vieillards, gardez vos sommes.
Il me faut de tout jeunes hommes
Dont je boive le sang et suce les os.
Il me faut des amoureux vierges
Que je fonde ainsi que des cierges.
Laissez venir à moi les beaux jouvenceaux.

Je suis l'amante criminelle
Portant l'enfer dans sa prunelle
Et dont les spasmes sont des nœuds étouffants.
Je suis la maîtresse tigresse,
Aux bras de poulpe, aux dents d'ogresse.
Laissez venir à moi les petits enfants.

Quand à la torture on m'a mise,
Les juges, levant ma chemise,
Se sont pris à grogner comme des pourceaux,
Et la rage leur est venue
A me contempler toute nue.
Laissez venir à moi les beaux jouvenceaux.

C'est le grand diable de Luxure
Qui dans mes reins bat la mesure
De la chanson que font mes jupons bouffants.

On voit passer, quand je les trousse,
Sous mon ventre sa barbe rousse.
Laissez venir à moi les petits enfants.

LE TOURMENTÉ

— C'est donc toi qui te dis athée et qui t'en vantes?
— C'est moi. J'ai blasphémé tous les noms de ton Dieu.
J'ai regardé l'envers des faces décevantes.
J'ai dit à la statue en bois : tu n'es qu'un pieu.

— Je trouerai d'un fer chaud cette langue insensée.
— Ce qu'elle a dit est dit. Fais donc ce qu'il te plaît
Ton Dieu ne rira pas de ma langue percée;
Car de ce trou saignant je peux faire un sifflet.

— Si je te gonflais d'eau l'estomac, comme une outre?
— Mais, quand tu m'emplirais encore comme un muid,
Une fois plein, ton eau ne pourrait passer outre;
Et si ton Dieu versait, je vomirais sur lui.

— Tu n'es qu'un chien. Je vais te ployer comme viorne.
— La viorne se redresse, et vous serez déçus.
Puis, si je suis un chien, ton Dieu n'est qu'une borne;
Je lèverai la patte et pisserai dessus.

— Des entrailles qu'on voit dévider sont charmantes.
— Oui, c'est un de vos jeux, je sais. Quand tu voudras
Commence. Je prendrai mes entrailles fumantes
Et vous en cinglerai la gueule à tour de bras.

— Il faudra te tuer afin que tu sois sage.
— Soit! je mourrai. Mais quoi! réfléchis, pauvre oison.
Parce qu'un homme meurt, Dieu vit-il davantage?
Tu ne prouveras pas que je n'ai pas raison.

LE TOURMENTEUR

Ho! la canaille,
Que l'on s'en aille!
Ou ma tenaille

Va vous happer.
Faites la haie !
C'est moi qu'on paie
A tant la plaie,
Pour tous frapper.

Selon la somme,
Je saigne, assomme,
Et, soit gros homme
Ou gringalet,
Baron farouche
Ou bourgeois louche,
Tous ont pour couche
Mon chevalet.

La créature
Que je torture,
C'est ma pâture
Et ma boisson.
Dans le carnage,
Mon apanage,
Gaîment je nage
Comme un poisson.

Quand un os grince
Pris dans ma pince,
Ainsi qu'un prince
J'ai mon orgueil.
Quand le sang coule,
Mon cœur s'en soûle
Comme une goule
A plein cercueil.

Son flot rougeoie,
Et je m'y noie.
J'aurais pour joie
Qu'on m'en gorgeât.
Coule, ô sang rouge.
Que nul ne bouge !
La mort est gouge ;
Moi son goujat.

L'ESCHOLIER

Léger d'esprit et de pochette,
Je n'ai ni soucis, ni deniers.

Mais je sais comme on décachète
Les flacons que les taverniers
Au caveau tiennent prisonniers.
Quand gratis je m'y désaltère,
Comme les oiseaux printaniers
Mon cœur plane entre ciel et terre.

Je n'ai rien de ce qu'on achète,
Pas même un lit dans les greniers.
Mais je sais trouver ma couchette
Où la trouvent les lanterniers,
Dans les vieux fours, dans les charniers
Parfois je me fais locataire
D'un arbre, où, loin des centeniers,
Mon cœur plane entre ciel et terre.

Souvent aussi j'entre en cachette
Chez les seigneurs mal aumôniers,
Et là je dîne sans fourchette
Aux dépens de leurs cuisiniers.
Quand ils surgissent, chicaniers,
En les tuant je les fais taire.
Pour fuir les remords rancuniers
Mon cœur plane entre ciel et terre.

Prince, à ce jeu mes jours derniers
Risquent une fin gibétaire.
Si l'on me pend, adieu paniers!
Mon cœur plane entre ciel et terre!

LE JACQUES

Ding! ding! don!... ding! don!
Les Jacques! Les Jacques!
Voici les rouges Pâques!
De trop jeûner nous sommes las
Prenons nos faulx pour coutelas.
Tocsin, tocsin, sonne le glas!
Voici les rouges Pâques!

Ding! ding! don!... ding! don!
Les Jacques! Les Jacques!
Voici les rouges Pâques!
Les feux que nous avons boutés
Au pied des donjons redoutés

Crépitent dans l'ombre. Écoutez !
　Voici les rouges Pâques !

　　Ding ! ding ! don !... ding ! don !
　　Les Jacques ! Les Jacques !
　Voici les rouges Pâques !
Partout l'incendie en passant
Met comme un coq resplendissant
Sous sa crête couleur de sang.
　Voici les rouges Pâques !

　　Ding ! ding ! don !... ding ! don !
　　Les Jacques ! Les Jacques !
　Voici les rouges Pâques !
Flambez, castels et châtelains,
Femmes grosses et moines pleins !
Feux de Saint-Jean pour les vilains !
　Voici les rouges Pâques !

　　Ding ! ding ! don !... ding ! don !
　　Les Jacques ! Les Jacques !
　Voici les rouges Pâques !
Nous qui semions tant pour autrui,

Hardi, paysans! L'heure a lui
De semer pour nous aujourd'hui.
   Voici les rouges Pâques!

   Ding! ding! don!... ding! don!
   Les Jacques! Les Jacques!
  Voici les rouges Pâques!
Dans la nuit aux sombres sillons,
Semeurs de flamme, éparpillons
Ces coquelicots vermillons!
   Voici les rouges Pâques!

   Ding! ding! don!... ding! don!
   Les Jacques! Les Jacques!
  Voici les rouges Pâques!
Dans ce champ de coquelicots
Le coq de feu sur ses ergots
Claironne des cocoricos.
   Voici les rouges Pâques!

   Ding! ding! don!... ding! don!
   Les Jacques! Les Jacques!
  Voici les rouges Pâques!

Nous prendrons, quand nous serons las,
Leurs cadavres pour matelas.
Tocsin, tocsin, sonne le glas!
  Voici les rouges Pâques!
    Ding! ding! don!... ding! don!

LE SORCIER

Souffle, souffle, sorcier du Grand-Œuvre!
  Souffle les alambics grondants!
Souffle dessous, regarde dedans.
Le Temps est une vieille couleuvre
  Qui tient sa queue entre ses dents.

Vieux crapaud roi dans ta crapaudière,
  Mets ton masque aux verres cornés,
Et tourne avec des clous bigornés
Dans le ventre noir de la chaudière
  Des anus verts d'enfants morts-nés.

Souffle! Au carrefour de la clairière
  La lune baise les pendus.

Qu'importe! Cours aux fruits défendus.
Trois pas en avant, deux en arrière!
   Tel va le Maître aux pieds fendus.

Souffle, souffle! La loi de ce monde,
   C'est *in bello*, non *in pace*.
Qui veut le futur, monte au passé.
Le laid est beau, le pur est immonde.
   Morceaux perdus! Miroir cassé!

Souffle, souffle encore! Souffle et souffre!
   Beaucoup se trouve en cherchant peu.
C'est d'un caillou gris que naît le feu.
Et dans la chrysalide du soufre
   Dort l'aile d'un papillon bleu.

LA FORGERONNE

Forge le fer, forgeronne,
Sœur des Kobolds au poil roux.
Sur ton enclume qui grone
Forge des clous pour les trous

Les Normands dans leurs mains blanches
N'ont plus les secrets anciens.
Mais la race aux jaunes hanches
Garde le trésor des siens.

Forge le fer, forgeronne,
Sœur des Kobolds au nez tors.
Sur ton enclume qui grone
Forge le fer pour les forts.

Pour avoir la moisson drue
Il faut l'acier sans défauts
Dans le soc de la charrue
Et dans le fil de la faulx.

Forge le fer, forgeronne,
Sœur des Kobolds au pied fin.
Sur ton enclume qui grone
Forge le fer pour la faim.

Ceux qui vont dans les batailles,
Avec quoi pour s'égorger
Se feraient-ils des entailles,
Si tu ne savais forger ?

Forge le fer, forgeronne,
Sœur des Kobolds à l'œil clair.
Sur ton enclume qui grone
Forge le fer pour la chair.

LE RONCEVALAIS

Vieil Empereur à la barbe fleurie,
A Roncevaux se tient l'hôtellerie
Où vont dormir tous les preux chevaliers
Qui plus jamais ne se sont réveillés.
On ne prend pas la terre montagnarde !
La foudre seule en passant la poignarde.
Mais à son front aucun bras outrageant
Ne peut ravir sa couronne d'argent.
Frappe d'estoc, Roland, frappe de taille !
Tu livres là ta dernière bataille.
Et ceux qui vont te mettre à leurs genoux,
Ce ne sont pas les Sarrasins, c'est nous,
Roncevalais fiers et vivants sans règles,
Fils des glaciers, frères aînés des aigles.
Sonne, Roland, sonne ton olifant !
Voici que la montagne se défend.

La bonne mère avec nous t'assassine.
Pour te broyer son cœur se déracine.
Nous t'en jetons les lambeaux arrachés
Il pleut des pins. Il grêle des rochers.
Sonne, Roland ! La montagne t'écrase...
Et l'Empereur aura la barbe rase.

LE BOHÉMIEN

Quand sur mon chariot pour la première fois
En courant l'univers j'arrivai dans ces lieux,
Une ville y grouillait, avec ses vieilles lois,
Ses murs, ses ateliers, ses palais et ses Dieux.
Et quand je demandai, voyageur curieux,
Depuis quand florissait la superbe cité,
Un homme répondit, grave et l'orgueil aux yeux:
« C'est ma patrie. Elle a de tout temps existé. »

Cinq mille ans il s'écoula
Je suis repassé par là

Murs, palais, temples, Dieux, tout avait disparu.
Rien ! plus rien ! Le soleil allumait des rubis
Aux javelots mouillés et verts d'un gazon dru;
Et seul un vieux berger dans ses grossiers habits
Se dressait sur la plaine en mangeant son pain bis.
Or je voulus savoir depuis quels temps très courts
Dans ce pré tout nouveau l'on paissait des brebis.
Le berger dit d'un air moqueur : « Depuis toujours. »

      Cinq mille ans il s'écoula.
      Je suis repassé par là.

La plaine était changée en un bois ténébreux.
Des lianes pendaient sous des porches béants
Comme un tas de serpents tordus noués entre eux;
Et tels que de grands mâts, sur ces noirs océans
De feuilles s'élançaient des troncs d'arbres géants.
Et je dis au chasseur perdu dans ces flots verts :
« Depuis quand donc voit-on une forêt céans ?
— Ces chênes sont plus vieux, fit-il, que l'univers. »

      Cinq mille ans il s'écoula.
      Je suis repassé par là.

La mer, la vaste mer, sous son glauque linceul
Avait enseveli lianes et forêts.
Un bateau de pêcheur, tout petit et tout seul,
A la brise du soir balançait ses agrès.
Et je dis au pêcheur : « Est-ce que tu saurais
Depuis quand la marée a pris la terre ainsi ?
— Tu plaisantes ? » dit-il... Puis il reprit après :
« Car depuis que la mer est mer, elle est ici. »

   Cinq mille ans il s'écoula.
   Je suis repassé par là.

A la place des flots au panache d'argent
Se déroulaient sans fin des flots à crête d'or.
Le désert ! Aucun arbre au lointain n'émergeant.
Du sable là, du sable ici, du sable encor.
Et quand j'interrogeai sur ce nouveau décor
Le marchand qui chargeait ses chameaux à genoux.
« Depuis le jour, dit-il, où l'être a pris l'essor,
On connaît ce désert, éternel comme nous. »

   Cinq mille ans il s'écoula.
   Je suis repassé par là.

Et voici derechef une cité debout,
Avec ses lois, ses murs, ses palais et ses Dieux,
Et son peuple grouillant ainsi qu'une eau qui bout.
Alors j'ai dit très haut à ce tas d'orgueilleux :
« Où sont donc les flots verts, les flots d'or, les flots bleus,
Et la cité du temps jadis ? » Et l'un cria :
« Notre ville est, sera, fut toujours dans ces lieux. »
Et j'éclatai de rire au nez de l'Arya.

Coulera ce qui coula !...
Je repasserai par là.

LE HUN

Vole, ô cavale folle !
Franc, ou Goth, ou Germain,
Ou Gaulois, ou Romain,
Partout sur mon chemin
Devant ta course folle
Le vieux monde croula

Comme un brouillard s'envole.
  Attila !
  Attila !

Galope à perdre haleine !
J'arrive du levant,
Des plateaux où le vent
Court en nous soulevant,
Et c'est lui dont l'haleine
De là-haut me souffla
Comme un flocon de laine.
  Attila !
  Attila !

Je plonge dans l'espace,
A travers monts et vaux,
Vers les pays nouveaux
Des guerriers sans chevaux
Je me soûle d'espace.
Sans crier halte là,
Comme un oiseau qui passe.
  Attila !
  Attila !

Dans mon galop superbe
Je passe, et quand je pars
On voit de toutes parts
Des cadavres épars.
C'est mon sabre superbe
Qui les éparpilla
Comme un fléau la gerbe.
    Attila!
    Attila!

LES NOMADES

Les Huns! les Bohémiens! les races vagabondes!
O clameurs! tourbillons! Les Bohémiens! les Huns!
O mon sang, qui plus vif dans mes veines abondes,
Sens-tu leur vent rapide et plein d'âcres parfums?

Le Nomade! Oui, ce nom, tout mon sang le répète.
Ses globules, dans un tumulte plus ardent,
Ainsi qu'à des appels furieux de trompette
Redoublent à ce nom leur flot cavalcadant.

Le Nomade ! C'est lui dont les fauves passages
Ont laissé dans mon moi depuis ces jours anciens
Leur marque indélébile à travers tous les âges.
Mes rêves d'aujourd'hui, ce sont toujours les sien

Oui, oui, je me souviens. J'écoute. Je savoure.
Chantez, chantez plus fort, chantez tous à la fois,
O globules ! Battez vos marches de bravoure !
Les voilà, mes aïeux, les voilà ! Je les vois.

Avant les Aryas laboureurs de la terre
Qui la firent germer sous leurs lourdes sueurs
Et qui mirent des Dieux dans le ciel solitaire,
Vivaient les Touraniens nomades et tueurs.

Ils allaient, pillant tout, le temps comme l'espace,
Sans regretter hier, sans penser à demain,
N'estimant rien de bon que le moment qui passe
Et dont on peut jouir quand on l'a dans la main.

Ils allaient, éternels coureurs toujours en fuite,
Insoucieux des morts, ne sachant pas les Dieux,
Et massacraient gaîment pour les manger ensuite
Leurs enfants mal venus et leurs parents trop vieux

Libres et fiers, exempts de toute idolâtrie,
Ils méprisaient les lois, les sciences, les arts.
Ils n'avaient ni foyer, ni temple, ni patrie,
Et ne croyaient à rien si ce n'est aux hasards.

Oui, ce sont mes aïeux, à moi. Car j'ai beau vivre
En France, je ne suis ni Latin ni Gaulois.
J'ai les os fins, la peau jaune, des yeux de cuivre,
Un torse d'écuyer et le mépris des lois.

Oui, je suis leur bâtard ! Leur sang bout dans mes veines,
Leur sang, qui m'a donné cet esprit mécréant,
Cet amour du grand air et des courses lointaines,
L'horreur de l'Idéal et la soif du Néant.

Que de fois, dans les champs déserts, sur les rivages,
La nuit, ai-je entendu, frénétique et joyeux,
Des galops enragés, des musiques sauvages,
Qui versaient dans mon cœur le cœur de mes aïeux !

Et je les redirai, ces chansons de voyages
Pleines d'orgueil farouche et d'appétit brutal,
Parlant de liberté, de meurtres, de pillages,
Sur des rhythmes criards aux rimes de métal.

Tant mieux si ces chansons, âpres, aigres, pareilles
A des hennissements parmi des bruits d'essieu,
Font grincer la mâchoire et saigner les oreilles
Aux fils des Aryas, ces inventeurs de Dieu !

MARCHES TOURANIENNES

1

Toujours, par monts et vallons
Nous allons
Au galop des étalons,

Toujours, toujours, à travers
L'univers,
Aux espaces grands ouverts.

Toujours, toujours de l'avant,
En buvant
La liberté dans le vent

Au grand air nous nous plaisons
Sans maisons
Pour nous garder des saisons.

Du soleil il ne nous chaut.
S'il est haut,
Tant mieux! nous aurons plus chaud.

Qu'il pleuve et qu'il vente après
Tout exprès,
Tant mieux! nous serons plus frais.

Qu'il vienne, incendiant l'air,
Un éclair,
Tant mieux! nous verrons plus clair.

Dans le ciel tout rempli d'yeux
Radieux
Nous n'avons pas vu de Dieux.

Nous avons vu seulement
Le tourment
Des astres en mouvement.

Ainsi vont, le bridon fou
Sur le cou,
Nos chevaux, sans savoir où.

2

Tra la la la!
Entremêlons
Les violons
Et la guzla

Et le chant fou
Que font les voix
Et les hautbois,
Tra la la ou!

Jusqu'à demain
Place à l'amour!
Au point du jour
Hop! en chemin!

Dansez en rond!
Embrassez-vous!
Ce soir les fous
Se marieront.

Pas pour toujours,
Mais pour la nuit ;
Car le temps fuit
Sous les amours,

Aux sons railleurs
Des violons,
Et les moins longs
Sont les meilleurs.

3

Les Aryas blancs
Vont prier, tremblants,
Le soir,
Leurs morts précieux
Qu'ils envoient aux cieux
S'asseoir.

Les Aryas fous
Mettent dans des trous
Leurs morts.
Nous les étalons
Sur des étalons
Sans mors.

Hop! un coup de fouet!
Qu'ils soient le jouet
  Des vents!
Nous ne connaissons
Que les bons garçons
  Vivants.

Les morts noirs et laids
Sont morts. Laissons-les
  Là-bas.
Le Néant est sûr,
Et le ciel futur
  N'est pas.

Quand les loups hurleurs,
Attirés par leurs
  Fumets,
Les auront bâfrés,
Vous n'y penserez
  Jamais.

Ne sois pas songeur
Pour ce voyageur
  Qui part.

Ça ne sert à rien.
Prends donc de son bien
Ta part.

Puis en route, après!
A bas pleurs, regrets,
Remords!
Sois tout au présent.
Vis en méprisant
Les morts.

4

Donc, Aryas, vous croyez
A la patrie, aux foyers,
Au sol que vous fossoyez!

Nous autres, nous ne croyons
Pas même aux joyeux rayons
Du soleil que nous voyons.

La terre et le ciel qui luit,
Tout s'écoule et tout s'enfuit
Comme de l'eau dans la nuit.

Dès lors, à quoi bon le temps
Que vous passez, haletants,
A fixer des riens flottants?

Pourquoi vous meurtrir la main
A labourer le chemin
Qu'il faudra quitter demain?

Pourquoi l'amour décevant
De ces foyers que le vent
Va souffler en se sauvant?

Que deviennent vos travaux
Et vos champs, quand nos chevaux
Ont brouté les blés nouveaux?

Et vos murs et vos pavés
Croyez-vous qu'ils soient sauvés
Quand nous serons arrivés?

Votre patrie, elle est là
Dans ces maisons que voilà.
Nous les brûlons. Cherchez-la!

La nôtre, à nous les guerriers,
Prenez-la ! Vous ne pourriez.
Elle est dans nos étriers.

3

Devoirs et lois, disent-ils !
    Ce sont des mots creux.
Que les Aryas subtils
    Les gardent pour eux !

Le monde n'est qu'un champ clos
    Où l'on va courant.
Le butin et les gros lots
    Sont à qui les prend.

Et c'est tant mieux. Quel ennui,
    Vivre sans danger !
Moi, j'aime à manger celui
    Qui peut me manger.

Je ne sais pas d'autre emploi
    De tous mes efforts.
Je ne connais qu'une loi :
    La loi des plus forts.

LES BLASPHÈMES

Je ne connais qu'un devoir :
   C'est, le sabre au poing,
De massacrer pour avoir
   Ce que je n'ai point.

6

Si mon rival
Est sans cheval
Et sans appui,
Voici ma loi :
Tant mieux pour moi,
Tant pis pour lui !

S'il se défend
Comme un enfant
Rempli d'émoi
Pendant la nuit,
Tant pis pour lui,
Tant mieux pour moi !

S'il croit vraiment
A mon serment,
Ce mot qui fuit,

LA CHANSON DU SANG

Je suis sans foi ;
Tant mieux pour moi,
Tant pis pour lui !

Vienne un vainqueur
Qui dans mon cœur
Plonge l'effroi
D'un fer qui luit,
Tant mieux pour lui,
Tant pis pour moi !

7

Par le monde, au milieu du danger,
Soixante ans à cheval j'ai couru,
Emportant au désert pour manger
Sous ma selle un quartier de bœuf cru.

J'étais fort dans mon temps et joyeux.
Nul ne fut mon égal pour dompter
Les poulains et la vierge aux beaux yeux,
Et j'ai fait des enfants sans compter.

Vagabond, formidable et puissant,
J'ai pillé, j'ai tué, j'ai vaincu.

J'ai versé plus de gouttes de sang
Que la mer n'a de flots. J'ai vécu.

Maintenant, je suis vieux. C'est fini.
Que l'aîné fasse place au cadet !
Cette nuit mon cheval a henni
M'annonçant que la mort m'attendait.

J'ai dit oui. Que mon corps massacré
Soit mangé par mes fils en buvant !
Chantez, fils ! Je suis fier, car j'aurai
Vos boyaux pour sépulcre vivant.

8

Nous nous aimions sans nous être rien promis.
O le meilleur, le plus vieux de mes amis !
Et tout chez l'un était à l'autre permis.

Un soir d'hiver il s'en vint tout pâle. « Eh bien !
J'ai faim, dit-il. Je veux manger. N'as-tu rien ? »
Et j'étais pauvre alors, plus pauvre qu'un chien.

Pas de gibier! Pas même un vieux cheval mort!
Depuis trois jours la fringale aussi nous mord.
Ma pauvreté me pesait comme un remord.

« J'ai faim, dit-il. N'as-tu donc rien à manger?
Je ne vois pas ta femme se déranger.
Suis-je ton hôte, ou bien un vil étranger? »

Rien dans le coffre, et rien dans le dernier coin!
Pas même un bout de cuir, même un brin de foin!
Et sur le steppe est la neige morte au loin.

« Puisque les cœurs des vieux amis sont perclus,
J'irai, dit-il, prier les grands ours velus.
Je pars d'ici; car on ne m'y aime plus. »

Il se leva, mon vieil ami, mon plus vieux,
Le regard plein de reproches et d'adieux;
Et de gros pleurs roulaient dans ses tristes yeux.

« Ne t'en va pas! criai-je alors, étouffant.
Ne t'en va pas! ton ami te le défend. »
Et puis tout bas, à ma femme : « Où est l'enfant?

— Il dort, fit-elle, il dort, notre cher petit,
Comme un poulain qui dans l'ombre se blottit.
Et le sommeil trompe un peu son appétit.

— Va le chercher, » dis-je à ma femme. Et ma voix
Lui fit si peur qu'elle croisa ses dix doigts
Pour supplier. Mais je dis : « Va, je le dois. »

Et quand mon fils, ce doux trésor, l'innocent,
Fut devant nous, je leur dis en l'embrassant :
« Je n'ai que lui ! C'est le meilleur de mon sang.

Mais, des petits, on en peut avoir beaucoup ;
Des amis, peu. Mangeons, mon hôte ! » Et d'un coup
A mon unique enfant je coupai le cou.

                J

En route ! en marche ! Déjà
Le matin sanglant a lui.
En route ! Hier il neigea.
Il va venter aujourd'hui.

Sur les chariots mouillés
Claquent les bâches de cuir.
Allons, roulons, les rouliers !
Il est l'heure de s'enfuir.

Marchons avec le soleil
Vers le pays attiédi
Où le ciel est plus vermeil.
En route pour le Midi !

Les chevaux, les lévriers
Et les chamelles ont bu.
Hop ! chaussons les étriers.
En colonne, la tribu !

Les enfants, femmes et sœurs
Dormiront dans les doux lits
Que les chariots berceurs
Balancent de leur roulis.

Les hommes, joyeux garçons,
Eux, ne sommeilleront point,
Mais, fermes sur les arçons,
Chanteront le sabre au poing

LES BLASPHÈMES

Ils chanteront les vieux airs,
Les vieux airs toujours nouveaux,
La musique des déserts
Rhythmée au pas des chevaux.

Pour charmer les chemins longs
Nous avons les chants d'amours,
Les guzlas, les violons,
Les hautbois et les tambours.

Contre les Aryas blancs
Nous avons les chants guerriers
Contre ces lapins tremblants
Qui vivent dans des terriers.

Nous, les buveurs de grand air,
Nous vivons comme des loups,
Et le vent sur notre chair
Tord la pointe de ses clous.

Aussi nous les méprisons,
Ces faiseurs de bons repas
Dont les toits sont des prisons
Où le soleil n'entre pas

Qu'ils crèvent dans leurs clapiers!
Nous, allons droit devant nous.
Le sol tremble sous nos pieds
Et jamais sous nos genoux.

En marche! en guerre! Là-bas
Sont leurs fleurs, leurs fruits, leurs blés
Leurs femmes dans des cabas
Pour nous les ont rassemblés.

Leurs femmes savent encor
Tisser le drap des manteaux
Et pétrir des pains en or
Aussi bons que des gâteaux.

Sur les charbons, dans les fours,
Avec un art tout divin
Elles font de grands plats lourds
Qu'on digère à coups de vin.

En marche! en guerre! en avant!
Tous ces enfants d'un ciel bleu
Ont le cœur rempli de vent,
Ont des lois, des arts, un Dieu.

LES BLASPHÈMES

Nous n'avons, nous, gens sans arts,
Nous, le peuple mécréant,
D'autres lois que les hasards,
D'autre Dieu que le Néant.

Mais pour vaincre et nous venger
Nous avons ce qu'ils n'ont point :
L'âpre mépris du danger
Et le sabre au bout du poing.

Devant nous, les chevaucheurs,
Ils fuient, quand nous les piquons,
Comme des pigeons nicheurs
Devant un vol de faucons.

Tous les biens qu'ils vont semant,
Quand nous aurons combattu
Nous les mangerons gaîment
A bedaine que veux-tu.

Nous autres, les gens d'ailleurs,
Nous autres, les meurt-de-faim,
Au nez de ces travailleurs
Nous nous gorgerons enfin.

LA CHANSON DU SANG

Puis avec leurs cheveux roux,
Avec leurs boyaux tordus,
Leurs os durs percés de trous,
Leurs cuirs tannés et tendus,

Pour charmer les chemins longs
Nous ferons, ô mes amours,
Des guzlas, des violons,
Des hautbois et des tambours.

10

En avant! Ventre à terre! Au galop! Hurrah!
Plus d'un bon vivant
Qui fendait le vent
Aujourd'hui sous le vent du destin mourra.
Ventre à terre! Au galop! En avant!

Tout au bout du grand steppe, en un val herbeux,
L'Arya berger
Danse au son léger
Des pipeaux dont il joue en paissant ses bœufs,
Et les bœufs sont très bons à manger.

D'un grand coup de sa faulx tranchant nos genoux,
L'Arya souvent
Tue en se sauvant...
Bah! sur lui, sur ses bœufs, tant pis, ruons-nous!
Ventre à terre! Au galop! En avant!

11

Au jarret de nos chevaux
Ils ont su lancer leurs faulx,
Ces Aryas!
Ils nous ont vaincus ainsi,
Les lâches, et nous voici
Des Parias.

Ils se disent purs et doux
Et sont dévots, ces Hindous,
Ces Aryas!
Mais ils mentent : les vainqueurs
N'ont jamais ouvert leurs cœurs
Aux Parias.

Ils ont bâti des cités
Pleines de félicités,
Ces Aryas!

Mais ils les gardent pour eux,
Laissant les marais fiévreux
    Aux Parias.

Ils ont des greniers de riz,
Du bon vin, des pains fleuris,
    Ces Aryas,
Et regardent, inhumains,
Crever le long des chemins
    Les Parias.

Ils ont des lances, des dards,
Des glaives, des étendards,
    Ces Aryas !
Mais chez le tigre aux yeux verts
Ils envoient nus comme vers
    Les Parias.

On dit qu'ils ont inventé
Droit, justice et charité,
    Ces Aryas !
Des mots, des mots, et des mots !
Cela guérit-il les maux
    Des Parias ?

Tant qu'ils seront les plus forts,
Ils mettront tous leurs efforts,
    Ces Aryas,
A saigner les malheureux,
Les pauvres, qui sont pour eux
    Des Parias.

Ils ont des prêtres voleurs
Et des rajahs querelleurs,
    Ces Aryas!
Et combats, vols et cadeaux,
Tout se solde sur le dos
    Des Parias.

Ils ont tout. Nous n'avons rien.
Ils proclament que c'est bien,
    Ces Aryas,
Et que le bonheur, l'amour,
Le ciel, ne sont pas faits pour
    Les Parias.

Le ciel, ça nous est égal.
Qu'ils en fassent leur régal,
    Ces Aryas!

Mais tous les biens d'ici-bas,
Pourquoi donc n'iraient-ils pas
    Aux Parias?

Patience! il vient un temps
Qu'ils ne seront pas contents,
    Ces Aryas,
Quand tous les pauvres meurtris
Se soulèveront aux cris
    Des Parias.

Sont-ils donc plus fiers que nous?
Je les ai vus à genoux,
    Ces Aryas!
Et leurs Dieux, qui ne sont point,
N'ont jamais vu que le poing
    Des Parias.

Nous le montrerons aussi
A ces maîtres sans merci,
    Ces Aryas,
Quand le jour sera venu
D'y brandir le sabre nu
    Des Parias.

En attendant, fous d'orgueil,
Comme ils raillent notre deuil,
    Ces Aryas,
Courbons-nous, petits, petits,
Mais gardons nos appétits
    De Parias.

Dans l'ombre où nous travaillons,
S'ils comptaient nos bataillons,
    Ces Aryas,
Plus nombreux que les fourmis
Ils verraient les insoumis,
    Les Parias.

Mais ils n'ouvrent pas les yeux,
Se croient forts et sont joyeux,
    Ces Aryas!
Voici l'heure, mon sang bout.
Alerte! Alerte! Debout
    Les Parias!

Ah! vengeance, et sans remord!
Nous crierons : A mort, à mort
    Ces Aryas!

Tue ! à mort ! c'est dans leur peau
Qu'on taillera le drapeau
    Des Parias !

A mort ! au feu leurs palais
Et leurs temples ! Brûlons-les,
    Ces Aryas,
Le rois, les chefs, les héros,
Les prêtres, tous les bourreaux
    Des Parias !

Écrasons sur les paves
Les richards et les gavés,
    Ces Aryas !
Leurs femmes en falbalas
Serviront de matelas
    Aux Parias.

De leurs Dieux mis en morceaux,
Qu'ils priaient comme des sots,
    Ces Aryas,
Nous ferons à pleines mains
Des joujoux pour les gamins
    Des Parias.

LES BLASPHÈMES

Tue! à mort! à feu! à sang!
Où donc sont-ils à présent,
    Ces Aryas?
Eux, leurs arts et leur progrès,
Qu'en restera-t-il après
    Les Parias?

Plus de lois, de droits, plus rien!
Plus de vrai, de beau, de bien,
    Ces Aryas!
Par le fer et par le feu
Place au Néant, place au Dieu
    Des Parias!

HALLALI

O gouttes de mon sang, voilà donc votre histoire
    Et les chansons que vous chantez!
Va, sang de mes aïeux, vieux sang blasphématoire,
    Sang des gueux, sang des révoltés,
Tes leçons dans mon cœur ne resteront pas vaines,
    Brave sang toujours en éveil

LA CHANSON DU SANG

Dont le flot vagabond aime à jaillir des veines
      Pour montrer sa pourpre au soleil !
Je veux aussi, je veux comme vous, mes ancêtres,
      Vivre debout sur l'étrier,
Pousser ma charge, et dans la bataille des êtres
      Ouvrir mon sillon meurtrier.
En ce temps où le vent des folles aventures
      Ne souffle plus dans nos poumons,
Je n'irai pas chercher les victoires futures
      A travers les vaux et les monts.
Mais dans l'intelligence humaine, ensemencée
      D'un tas de mots intimidants,
Je lancerai les noirs chevaux de ma pensée,
      Ventre à terre et le mors aux dents;
Et malgré les fourrés obscurs pleins de racines,
      Les fondis où l'on disparaît,
Les étangs croupissants aux plantes assassines,
      Malgré tout, fouillant la forêt,
J'y donnerai la chasse à la bête hagarde
      Qu'elle cache en ses antres verts,
Afin de lui plonger au cœur jusqu'à la garde
      Le clair yatagan de mes vers.
O Dieu, jusqu'à présent, dans les mythologies,
      Parmi tes avatars passés,
A te mettre en lambeaux mes mains se sont rougies;
      Mais pour moi ce n'est pas assez.

Ce qu'il faut à ma haine, à ma vengeance entière,
    A mes blasphèmes triomphants,
Ce n'est pas seulement ton corps fait de matière
    Par les hommes encore enfants;
C'est la chair de ta chair, c'est l'âme de ton âme,
    Ton concept enfin dégrossi,
Moins palpable que l'air, plus subtil que la flamme,
    Et que je veux tuer aussi.
Par le respect des lois, l'amour de la nature,
    Le culte de notre raison,
C'est toi, c'est toujours toi qui dans notre pâture
    Mets l'Absolu comme un poison.
En vain les Dieux sont morts, le dernier agonise;
    Toi, tu demeures immortel.
En se divinisant l'homme te divinise
    Et son orgueil te sert d'autel.
Mais moi, je ne sais pas ces lâches défaillances.
    Suivant ma route jusqu'au bout,
Ces cultes, ces respects, ces amours, ces croyances
    Qui dans nos cœurs restent debout,
J'éteindrai leurs lueurs, suprêmes girandoles
    Des vieux temples abandonnés.
Hurrah! pour l'haflali des dernières idoles,
    Fanfares des aïeux, sonnez!
O sang des Touraniens qui bous dans mes artères,
    Sang des révoltés, sang des gueux,

Comme à travers les champs, à travers les mystères
    On peut prendre un galop fougueux.
Taïaut! taïaut! Voici le troupeau des Idées
    Qui fuit effaré devant nous.
Taïaut! taïaut! Que nos montures débridées
    Aient la tête entre leurs genoux!
Hardi! Traversons tout, le taillis, la clairière;
    Sautons les rus, les chemins creux!
Plus vite, et sans jamais regarder en arrière!
    Ceux qui tombent, tant pis pour eux!
Hallali! hallali! Quand la bête forcée
    Sera morte, le ventre ouvert,
Alors enfin, ô noirs chevaux de ma pensée,
    Je pourrai vous remettre au vert;
Alors, à ciseler des bijoux de vitrine
    J'emploierai mon clair yatagan;
Alors, ô sang cruel qui fis dans ma poitrine
    Passer ce souffle d'ouragan,
O vieux sang des aïeux, du sang de la curée
    Je serai pour toi l'échanson,
Et je t'en ferai boire une pleine verrée
    Pour te payer de ta chanson.

LES DERNIÈRES IDOLES

X

LES DERNIERES IDOLES

I

RAISON

Et d'abord, toi, Raison, à nous deux ! Viens çà ! Laisse
    Tes airs superbes, s'il te plaît.
Tu ne m'imposes point, impudente drôlesse
    Dont l'homme se croit le valet.
Tes prétendus présents, ta grandeur mensongère,
    Tes outrecuidantes leçons,
Les faux espoirs que ta vanité nous suggère,
    Les rêves dont nous t'engrossons,
J'ai tout pesé. J'ai mis face à face en balance
    Tes promesses et mon désir,

Et j'ai vu que la proie où notre faim s'élance
  Tu ne pouvais pas la saisir.
Que m'importent tes mots subtils, tes phrases creuses,
  Ton retentissant tympanon?
Pauvres âmes en deuil, nous voulons être heureuses.
  Sais-tu nous rendre heureuses? Non.

✻

Et cependant, la Vie est-elle si mal faite
Qu'on n'en puisse sortir comme on sort d'une fête?

✻

Quelle est donc cette fièvre, hélas! dont nous souffrons,
Dont le coup de marteau bat toujours sous nos fronts,
  Dont nul remède ne délivre?
Quel est donc cet obscur et lâche empoisonneur
Dont le souffle corrompt jusqu'au simple bonheur
  De respirer, d'aller, de vivre?

Pourquoi n'avons-nous pas la paix, la douce paix,
Comme toi, notre sœur, brute qui te repais
    Aux mamelles de la Matière,
Brute contente, brute aux beaux grands yeux ravis,
Brute dont les désirs sont toujours assouvis,
    Dont la joie est toujours entière?

D'où vient que l'homme seul, ton seigneur et ton roi,
Ne peut rien contempler sans un mystique effroi,
    Ni rien goûter sans amertume,
Ni jouir de ses biens sans un secret tourment?
D'où vient qu'à savourer les choses bonnement
    Jamais son cœur ne s'accoutume?

Pourtant, comme il serait heureux, s'il le voulait!
Comme il pourrait aussi se soûler de ce lait
    Que te fait téter la Nature!
N'a-t-il pas le soleil et ses riches bontés,
Les arbres, les prés verts, les animaux domptés,
    Pour subvenir à sa pâture?

N'a-t-il pas l'ordre sûr des mobiles saisons,
Et, ce que tu n'as pas, des foyers, des maisons
    Plus tranquilles que tes tanières?

N'a-t-il pas le bon vin saignant dans les pressoirs
Et qui, même en hiver, sait parfumer les soirs
      De chaudes odeurs printanières?

N'a-t-il pas le suave amour, les longs baisers,
Pour rafraîchir le feu de ses sens embrasés
      Quand le rut aux reins vient le mordre?
N'a-t-il pas des parents, des enfants, des amis,
Et, parmi tes pareils, des esclaves soumis
      Pour qui son caprice est un ordre?

Voici les fleurs, les fruits, l'or vivant des moissons,
Les gibiers, ruminants, coureurs, oiseaux, poissons,
      Dont sa large faim se régale.
Voici les durs métaux et les clairs diamants.
Quels que soient ses désirs, terribles ou charmants,
      Tout s'offre à calmer sa fringale.

Voici, pour le distraire au retour des travaux,
Des passe-temps divins incessamment nouveaux,
      Les arts, les jeux et la musique.
Il n'a qu'à se donner la peine de choisir
Pour cueillir une joie et goûter un plaisir
      Dans ce beau paradis physique.

Ses jours sont assurés, aussi ses lendemains.
Il peut, tant qu'il le veut, puiser à pleines mains
      Et selon les besoins de l'heure
A cet inépuisable et magique trésor.
La terre est toute à lui. Que faut-il donc encor
      A ce maître absolu qui pleure ?

Ah! bien loin d'être triste, il devrait, le vieux fou,
Étant gorgé de biens sans nombre jusqu'au cou,
      Éclater d'une joie immense,
Et craindre seulement le risible danger
De n'avoir pas assez d'appétit pour manger
      Ce plat qui toujours recommence.

Il devrait être heureux comme toi, satisfait,
Et même infiniment plus heureux en effet,
      Puisque son cerveau qui raisonne
Des plaisirs dégustés peut juger mieux le prix
Et trouver, dans l'effort de les avoir compris,
      Un orgueil qui les assaisonne.

Hélas! c'est justement ce pouvoir merveilleux,
De sentir plus à fond et de connaître mieux,
      Qui pèse à sa tête sensée.

Voilà le mal qu'il souffre et que tu ne sais pas.
Ce qui flétrit pour lui le monde et ses appas,
    C'est ce tourment de la pensée.

*

Oh ! le mystérieux et terrible tourment !
En place de jouir de tout naïvement,
L'homme, analysant tout, se torture lui-même.
Il ne lui suffit pas de tenir ce qu'il aime ;
Il recherche pourquoi ce qu'il aime lui plaît,
D'où vient que tel objet est beau, tel autre laid,
En quoi consiste au fond le bien ou son contraire,
Ce qu'il doit en conclure, imaginer, abstraire ;
Et de tous ces travaux son esprit obstiné
A la fin comme un miel amer n'a butiné
Que science incertaine au vénéneux délice,
Au lieu de respirer les fleurs à plein calice.
Même quand il éprouve une joie, à l'instant
Le voilà qui l'arrête au vol, la discutant :
« D'où sors-tu ? Que veux-tu ? Quelle est ta raison d'être ?
« Dans quel but es-tu née et vas-tu disparaître ?

LES DERNIÈRES IDOLES

« Est-ce bien moi qui t'ai, d'ailleurs ? Ne suis-je pas
« Le jouet d'un mirage aux décevants appas ?
« Je ne puis te connaître, ô mon Je qui m'enserres,
« Que par mes sens ; et qui me dit qu'ils soient sincères ?
« Ce qu'il me faut toucher, c'est la Cause. Voyons ! »
Et piquant d'une épingle au cœur ces papillons,
Ces légers et brillants papillons de la joie,
Il écrase l'or fin de leurs ailes de soie,
Et ne trouve dessous qu'un pauvre ver mourant
Qui laisse entre ses doigts un peu de poudre. Il prend
Dans le creux de sa main ce cadavre en guenille,
Et dit : « O joie, adieu ! tu n'es qu'une chenille. »
Ainsi de tout. Pour qui cherche l'essence au fond
Des choses, chaque chose en un néant se fond.
Mais pourquoi donc, ô fous, tentez-vous l'impossible ?
C'est l'Être en soi que vous visez comme une cible ;
Vous ne l'atteignez pas, et vous vous étonnez !
La cible est infinie et vous êtes bornés.
N'importe ! Et de nouveau l'homme absurde s'entête,
Oubliant tout, la vie en fleurs, la terre en fête,
Pour s'abîmer dans sa pensée à corps perdu.
« Je suis. Donc le secret de mon être m'est dû. »
Tel qu'un imperceptible atome d'une goutte,
Qui, noyé dans la mer, voudrait l'embrasser toute,
Depuis que l'homme existe il a toujours voulu
Dans son cœur contingent absorber l'Absolu.

Lui, grain de l'univers, il ne peut se résoudre
A ne voir dans ce Tout qu'un tourbillon de poudre
Qui s'agite au hasard et dont nul n'a l'emploi.
Il a soif d'y trouver une Cause, une Loi,
Une Raison qui parle à son moi qui raisonne.
Comme en dernier ressort il ne trouve personne,
Puisque le Tout ne peut se centrer en un lieu,
Alors il croit que cet inconnu, nommé Dieu,
S'enveloppe à dessein dans l'ombre et le mystère,
Et se moque de nous, et nous a mis sur terre
Non pour vivre et jouir ainsi que l'animal,
Mais pour philosopher sur le bien et le mal.
Pour rendre des devoirs à la Cause des causes,
Pour nous mortifier, pour nous priver des choses,
Pour mériter enfin d'aller revivre ailleurs,
Sous un destin plus noble et sous des cieux meilleurs
Où, purs et délivrés de cette terre immonde,
Nos esprits entreront dans le secret du monde.
Et désormais voici de nouvelles raisons
De n'aimer pas les biens auxquels nous nous plaisons,
De vivre malheureux, de dénigrer la joie.
A présent, dès qu'en nous quelque désir rougeoie
Nous promettant la fraîche aurore d'un plaisir,
Avant qu'à son amorce il ait pu nous saisir
Vite il faut l'étouffer comme une impure flamme.
Sacrifions le corps afin de sauver l'âme!

Fuyons ces voluptés menteuses! Méprisons
Ces sens grossiers qui pour l'esprit sont des prisons!
Revêtons un cilice et coiffons-nous de cendre!
Plutôt que de céder, même de condescendre
A ces tentations vers de sales péchés,
Que nos cœurs pantelants, saignants, soient arrachés;
Que tous nos appétits fougueux soient mis à l'ordre,
Muselés comme un tas de chiens qui veulent mordre
Et faisons pénitence; et pleurons à genoux;
Et, mieux encor, pour être en repos, châtrons-nous!
Ainsi, des deux côtés, que l'homme doute ou croie,
Au dégoût de son sort terrestre il reste en proie,
Et triste, à tous les biens offerts montrant le poing,
Du simple et doux bonheur de vivre il ne veut point.
Et tout cela, c'est pour avoir mis dans sa tête
Qu'il a droit de penser autrement que la bête,
Que l'Absolu réside au fond du contingent,
Et que lui, l'Homme, libre, actif, intelligent,
Doit dans cet Absolu rencontrer le principe
Éternel, infini, duquel il participe!
Tout cela, c'est pour s'être un jour grisé l'esprit
De ce raisonnement : qu'il fallait qu'il comprît,
Puisqu'il portait en soi le désir de comprendre.
Il s'est dit : « Dieu m'a fait, si je puis le lui rendre,
« Je pense; donc il est quelqu'un qui m'a pensé. »
De ce jour la douleur pour l'homme a commencé.

Voilà le mal secret dont l'humanité souffre,
Incrusté dans sa chair comme un moxa de soufre !
Voilà l'obscur virus, le lâche empoisonneur,
Par lequel dans nos mains crève notre bonheur !

*

Mais je t'humilierai, coureuse de chimères,
  Faiseuse de vœux clandestins,
Toi qui parles si haut de nos corps éphémères
  Et de tes immortels destins,
O Raison ! J'armerai mes mains endolories.
  Tes crimes seront expiés.
Déjà j'ai su crever tes fantasmagories
  A coups de poings, à coups de pieds.
Tous ces mots ambigus au mensonge sonore,
  Où ton fol orgueil s'est complu,
Tous ces vocables creux dont ton rêve s'honore,
  L'Ame, l'Idéal, l'Absolu,
Les Principes, l'Abstrait, l'Ordre infini, la Cause,
  Le Vrai, le Beau, le Bien, la Loi,
Et tes espoirs de ciel et de métempsycose,
  Et les prières, et ta foi,

Et tes Dieux, tous ces Dieux en qui ces mots eux-mêmes
    A la fin se sont incarnés,
Je les vus tout nus, dégonflés, vidés, blêmes,
    Et leur ai fait des pieds de nez.
J'ai sans peur insulté ces stupides images
    En haut de qui tu te perchas.
Tous ces pantins en qui tu te fais rendre hommages,
    Je les ai couverts de crachats.
L'idole que je hais maintenant, c'est toi-même,
    Puisque toi seule me trompais.
Contre mon propre esprit je me rue au blasphème.
    Je veux la paix ! Je veux la paix !
Je veux goûter les biens que m'offre la Nature,
    Tranquillement, d'un cerveau coi,
Sans qu'un sourd désespoir aussitôt me torture
    De n'en pas savoir le pourquoi.
Au soleil radieux, parmi les grasses plaines,
    Dans les fleurs, sous un ciel léger,
Je veux jouir du Temps qui passe les mains pleines,
    Et prendre sans l'interroger.
Je veux ouvrir mes bras aux humaines tendresses
    Et n'en pas craindre les regrets,
Et boire des baisers et manger des caresses,
    Quoi que ce soit qui vienne après.
Je veux être joyeux, content, aimer les choses,
    Chanter, rire, m'extasier,

Respirer librement l'air pur, cueillir les roses
    En laissant l'épine au rosier,
M'épanouir parmi les enfants de la Terre
    Bonne pour moi comme pour eux,
Et ne pas demeurer sinistre et solitaire
    Au milieu de ce tas d'heureux.
Je veux que mon bonheur me pénètre les moelles,
    Dans ce monde où je suis le roi.
Je veux enfin pouvoir contempler les étoiles
    Et mon propre cœur sans effroi.
Donc, à nous deux, Raison ! Je ne suis plus ta dupe,
    Et jusqu'au dernier oripeau
Je vais te dévêtir de ta royale jupe
    Pour te fouailler à pleine peau.

*

O vieille commère bavarde,
Qui t'a dit que ça te regarde
De voir le fond de l'Être en soi ?
Qui t'a dit, ô rêveuse triste,
Que dans les choses il existe
Un principe, un but, un pourquoi ?

Qui ? C'est ton orgueil téméraire.
Du corps mortel tu veux t'abstraire,
Te distinguer, te délier.
Comme à tes sottes entreprises
Il s'oppose, tu le méprises
Et tu l'appelles ton geôlier.

Tu veux trouver une Substance
Où raccrocher ton existence
A l'abri du temps qui la mord,
Une autre Substance éternelle
Qui renferme la tienne en elle
Et t'assure contre la mort.

De là cette soif insensée
Que tu mets dans notre pensée,
Soif que rien ne rafraîchira
Et qui nous fait après une onde
Chimérique courir le monde
Ainsi qu'un morne Sahara.

Et nous allons, fouillant le sable
De ce désert infranchissable,
Ne buvant que lorsqu'il a plu,

Fuyant loin des sources humaines,
Dans le sable des phénomènes
Cherchant le puits de l'Absolu.

Mais c'en est trop ! Tirons vengeance
De cette folle Intelligence
Qui fait tant souffrir notre chair,
Et qu'en nous la bête délivre
Notre pauvre corps qui veut vivre,
Notre bon corps qui nous est cher !

O toi qu'enfin j'ai su connaître,
Qui te crois l'être de mon être,
Le mieux dans ce qu'il a de bon,
O toi qui t'intitules l'Ame
Et sors de moi comme la flamme
Sort des entrailles du charbon,

Tais-toi ! ne cherche pas encore
Par la lueur qui te décore
A me jeter la poudre aux yeux !
O flamme qui deviendras cendre,
Ne te vante pas de descendre
Dans les gouffres mystérieux !

Cesse tes airs d'impératrice !
Ne prétends plus que ton caprice
A tous mes vœux serve de loi !
Surtout ne tiens plus en tutelle
Cette chair, à coup sûr mortelle,
Mais qui ne l'est pas plus que toi !

Pour forcer son obéissance,
Tu te proclames d'une essence
Autre que celle de la chair.
Mais que serais-tu donc au monde
Si ce corps que tu dis immonde
Te refusait son regard clair ?

C'est par lui seul, grâce à son aide,
Grâce aux sens, aux nerfs qu'il possède,
Au sang chaud qui lui sert d'engrais,
Que tu peux cueillir les idées
Et tirer des choses vidées
La moelle obscure des secrets.

Il voit, il flaire, il goûte, il touche,
Il entend ; et c'est par sa bouche
Qu'aux objets tu donnes des noms,

Tu n'es que la bulle légère
Du gaz formé quand il digère
Les empreintes que nous prenons.

De la bulle qui vient d'éclore
Le prisme au feu muticolore
Fait un chatoyant arc-en-ciel ;
Mais cette enveloppe qui crève
Ne cache dans sa splendeur brève
Que l'affreux vide essentiel.

Toi donc, qui tires tout ton être
De ce corps qui seul te fait naître,
De ce corps avec qui tu meurs,
Allons, ô reine fanfaronne,
A bas ton sceptre et ta couronne
Et tes insolentes clameurs !

Servante du corps qui t'exhale,
Redeviens son humble vassale,
Rentre avec lui sous le niveau.
Toi non plus tu n'es que matière,
O Raison, ô Pensée altière,
O borborygme du cerveau !

II

NATURE

Nature, je te hais pour t'avoir trop aimée!
O soupirs langoureux épars sous la ramée,
Confus chuchotements où l'on entend des voix
Comme si les buissons et les feuilles des bois
Se racontaient tout bas des histoires de fée;
O propos amoureux que la brise étouffée
Vient bourdonner le soir au passant tout songeur;
O troublante fraîcheur du matin; ô rougeur
De l'aurore, par qui la nuée est pareille
A quelque joue en fleur de vierge qu'on éveille
Sous un baiser; ô pourpre étrange des couchants;
O parfums capiteux qui rôdez par les champs;
O souffles vagabonds qui vous mouillez les ailes
En vous pâmant d'amour sur les roses nouvelles;
O consolations endormeuses des flots,
Qui semblent des amis répétant nos sanglots,
Tandis que pour calmer notre peine éphémère

La mer nous berce ainsi qu'une bonne grand'mère;
O profonds, ô lointains regards du firmament,
Où les étoiles sont des pleurs de diamant
Que l'on croirait versés par des sœurs immortelles
Quand nous levons nos yeux, nos tristes yeux, vers elles;
O chansons, ô regards, ô parfums, ô couleurs,
O bruits mystérieux, appels ensorceleurs,
J'ai cru comme un enfant à vos promesses vagues;
Et les bois, les matins, les soirs, les vents, les vagues,
Les étoiles, tous ceux qui m'ont dit un beau jour
Que l'homme peut aimer d'un éternel amour,
Tous ceux qui m'ont juré de finir ma torture,
Toutes ces voix qui sont les voix de la Nature,
Tous ces spectres fuyards qui m'ont fait les yeux doux,
Tout m'a trahi, tout m'a menti... Malheur à vous!
Malheur à vous! malheur à toi, Nature infâme!
Je secouerai mes vers à la langue de flamme,
Ces vers que je forgeais pour toi naguère encor
Afin d'orner ton front avec leurs rayons d'or;
Je les prendrai sans peur dans mes deux mains crispées,
Faisant de ces rayons des lances, des épées,
Des flèches, dont la pointe entrera dans ta chair,
Sifflant comme un serpent, brûlant comme un éclair;
Et je te criblerai d'invectives, d'outrages;
Je t'envelopperai d'un tourbillon de rages;
Je lâcherai sur toi tous les noirs bataillons

De mes haines mettant ta poitrine en haillons;
Et je saurai viser les places les plus sûres
Pour te planter les plus déchirantes blessures;
Et je te crèverai les yeux, et je ferai
Saigner par tous les bouts tout ton corps lacéré
Tant et tant qu'il sera troué comme une cible,
Et nous verrons alors si tu l'es, l'Impassible !
Et d'abord jette bas ton masque de beauté,
Ce masque que les mains du poète ont sculpté,
Enluminé, verni, maquillé pour la foule,
Ce masque sous lequel est ta face de goule.
Nous avons fait de toi la déesse aux beaux flancs
Qui porte deux rubis aux bouts de ses seins blancs,
Deux astres dans ses yeux plus miroitants que l'onde,
Tout le soleil fondu dans sa crinière blonde,
Toutes les voluptés au creux de son nombril.
Nous avons célébré les fleurs de ton Avril
Humide, les moissons de ton Juin monotone,
Le ciel sale et brouillé de ton fiévreux Automne,
Et même les frimas de l'Hiver. Nous plaçons
Le los de ta beauté dans toutes nos chansons.
Pour te parer toujours d'une splendeur nouvelle
Nous nous vidons depuis six mille ans la cervelle.
Mais il est temps qu'on sache enfin la vérité.
De tous tes beaux renoms, pas un n'est mérité.
Venez ! je vais ouvrir à deux battants l'alcôve.

Regardez la déesse au lit! Son front est chauve;
Car ses cheveux n'étaient qu'une perruque. Elle a
Non pas deux astres dans les yeux, mais deux trous là.
Les seins ne sont pas vrais. La peau du ventre est fausse.
Le creux de son nombril est creux comme une fosse.
On y enterrerait des peuples tout entiers.
O couleurs de la vie, ô formes, vous mentiez !
Voici que la chair tombe ainsi qu'une toilette.
La déesse aux beaux flancs n'est qu'un hideux squelette
Vieux monstre, avec ton nez camard en triolet,
O carcasse qui n'as ni cœur, ni sang, ni lait,
Que viens-tu nous parler de tes larges mamelles?
Mais tu n'as même plus ce qui fait les femelles.
Ton corps est une cage ouverte à tous les vents.
O Nature, avec quoi fais-tu donc des enfants?
Aussi n'est-ce pas toi qui les fais. Tu les tues
Mais, pour qu'il y en ait toujours, tu prostitues
Tout le monde, tu mets dans tout être animé
Le désir frénétique, aveugle, d'être aimé.
Ne pouvant éprouver ces désirs qui sont nôtres,
Tu pousses l'aiguillon du rut aux flancs des autres.
Tu nous excites par les voix, par tes senteurs,
Par les souffles errants dans tes arbres chanteurs,
Et par tout ce qui peut troubler la chair vivante.
Ainsi qu'une sorcière aux noirs philtres savante,
Tu rajeunis toujours notre soif de baisers.

Tout te sert à nourrir nos vœux inapaisés.
Tu fais qu'à certains jours, le plus froid, le plus sage,
Sent une âpre chaleur lui monter au visage,
Un frisson lui fouiller les moelles brusquement,
Si bien que, s'il regarde au ciel en ce moment,
Les étoiles ont l'air d'un vol de cantharides.
Toi, tu restes toujours la vieille aux flancs arides.
Tu ne t'enflammes pas à ce feu que tes mains
Attisent. Tu ne mets l'amour dans nos chemins
Que pour faire engendrer plus d'êtres, plus de races,
Afin d'en avoir plus à tuer. Tes voraces
Et sombres appétits ne sont jamais lassés.
Même, quand quelque mâle ose enfin dire assez,
Quand il veut le repos, ayant fait sa besogne,
Tu lui donnes du pied au cul de sa charogne.
Et tu dis : « Qu'on m'en fasse un autre ! Il est trop vieux. »
C'est qu'avant tout, terrible enterreuse, tu veux
Que l'on croisse sans cesse et que l'on multiplie :
Car plus nous augmentons, plus ta fosse est remplie.
Nature, c'est pourquoi je te hais sans remord,
Toi qui fais des vivants pour amuser la Mort,
Toi qui nous donnes ton soleil, ton air, tes ondes,
Et les vierges forêts, et les terres fécondes,
Et la vigne et les fruits, et les moissons, afin
De nous mieux engraisser pour la Mort qui a faim,
Toi qui nous fais aimer et pulluler pour elle,

O marchande de chair humaine, ô maquerelle !
Et maintenant qu'on sait le métier que tu fais,
Reprends, si tu le veux, ce dont tu t'attifais :
Reprends ton linge frais brodé de pierreries,
Tes bas d'azur et tes jarretières fleuries,
Ta collerette aux plis tuyautés par les vents,
Ton corsage d'écorce, et tes jupons bouffants
Dont la fine dentelle a pour fils les nuées
Et dont les volants sont les vagues remuées ;
Reprends ton diadème et tes bandeaux vermeils
Pleins d'aurore, de feux, d'épis et de soleils ;
Reprends ta robe verte, et jaune, et rouge, et bleue,
Élargissant la traîne énorme de sa queue
Dont la soie est tissue avec l'herbe des prés,
Les bois, les fleurs, les fruits, les pampres empourprés ;
Reprends ton noir manteau de velours, où scintille
Le semis précieux des astres, ta mantille
Que fiche à ton chignon la lune en s'y plongeant
Comme une riche épingle à la tête d'argent ;
Reprends aussi ta chair dont je t'ai dépouillée ;
Et qu'elle nous paraisse encor belle, mouillée
Par les avrils, dorée au baiser des chaleurs,
Fardée et parfumée aux corolles des fleurs,
Et toute blanche à la poudre de riz du givre
Reprends ce corps superbe où nous te faisons vivre,
Où nous t'imaginons adorable ; reprends

Ces seins gonflés, ces bouts de tétins fulgurants,
Ce ventre ferme et blanc ainsi qu'un bloc d'ivoire,
Ce ventre incendiant l'univers de sa gloire,
Ce ventre de Cybèle ensemble et de Vénus,
Où fleurit le secret d'un étrange lotus;
Telle que te voilà, telle qu'on te décore,
Sous ce tas de splendeurs, vieille, tu mens encore !
Non, non, tu n'es point belle. On me répète en vain
Que ton œuvre est parfait, que ton ordre est divin,
Que tout cela compose une immense harmonie,
Que nous devons tomber à tes pieds. Je le nie.
Ton ensemble n'est rien qu'un mélange sans art :
Car celui qui le crée a pour nom le Hasard.
Lui seul se trouve au fond de l'être et de la chose.
Ses caprices n'ont point de but et point de cause.
Par zigzags, ainsi qu'un ivrogne, ainsi qu'un fou,
Il marche, et ne sait pas pourquoi, comment, par où ;
Il marche, il pousse, il tombe, il roule, il gesticule ;
Il chante quelque bout de chanson ridicule
Dont il ne peut jamais trouver le dernier vers ;
Et dans tout ce que dit sa cervelle à l'envers
Je n'entends pas de quoi former une pensée.
La vie, incessamment éparse et dépensée,
Ne suit pas un chemin qui mène quelque part ;
Mais, sans point d'arrivée et sans point de départ,
Palpite, s'enfle, gronde, et bouillonne sur place,

Les effets, comme un nœud de serpents qui s'enlace,
S'enchevêtrant au sein d'un tumulte profond :
Telle une mer sans bords dans un gouffre sans fond.
Comment tout ce chaos serait-il harmonie ?
Comment de cette lutte éternelle, infinie,
Peut-il sortir un mot que l'on érige en loi ?
L'ordre que je crois voir en tout, il n'est qu'en moi.
Perdu dans cette mer dont j'habite une goutte,
Je regarde à deux pas autour de moi, j'écoute,
Et je raisonne ; et c'est pour calmer mon désir
De comprendre ce tout que je ne puis saisir,
C'est par orgueil, que dans mon esprit j'imagine
Des ressorts, une idée, une âme à la machine.
Mais rien de tout cela n'existe hors de moi.
La matière ne peut connaître ni l'émoi,
Ni l'espoir, ni le but, ni le vouloir. En elle
Ne peut se condenser de forme personnelle.
Elle n'obéit point et ne commande point.
Elle est. Elle n'a pas dans son orbe un seul point
Où tous ses autres points doivent chercher leur centre.
Elle n'est pas comme un cerveau, mais comme un ventre
Qui serait à la fois et matrice et tombeau.
Rien n'est bien, rien n'est mal, rien n'est laid, rien n'est beau.
Le monde n'est qu'un tas confus de phénomènes
Sans but. Ce n'est pas toi, fantôme, qui le mènes.
Ce n'est pas Dieu. Ce n'est personne. Il porte en sa

Son être inconscient : la Force, et non la Loi.
Que veux-tu maintenant, Nature, que je fasse
Des menteuses beautés qui brillent sur ta face?
Que m'importent ton ordre apparent, et tes lois,
Ces lois que l'on croyait divines autrefois,
Et qui sont simplement une habitude prise?
Elles pourront changer un jour. Je les méprise.
Mais, telles qu'elles sont, puisque j'y suis soumis,
Je saurais les aimer, si leurs décrets amis
Ordonnaient mon bonheur et me doraient mes rêves.
Loin de là! Me courbant sous des peines sans trêves,
Me chargeant de soucis, m'écrasant de fardeaux,
Elles pèsent d'un poids terrible sur mon dos.
Si la Force est quelqu'un, je me la représente
Non pas comme une femme aimante et bienfaisante,
Mais comme une catin tuant son nouveau-né.
Car, pour nous rendre heureux, que nous as-tu donné,
Nature? S'il est vrai que tu nous mets au monde
Sachant ce que tu fais, réponds, mégère immonde,
Pourquoi condamnes-tu tes enfants au malheur?
S'ils naissent, c'est ta faute et ce n'est point la leur.
Alors d'où vient contre eux ta haine? O farce amère!
Quel est donc l'insensé qui t'appelle sa mère?
Non, non, ce n'est pas vrai, Nature, tu n'es pas
La bonne ménagère apprêtant nos repas,
La nourrice pressant à deux mains ses mamelles

Pour abreuver le monde à ces sources jumelles,
La mère qui chérit, la mère qui défend.
L'homme ne te doit rien. Il n'est pas ton enfant.
Tu gardes tes bontés pour les petits des bêtes.
C'est pour eux, pour eux seuls, que tes herbes sont faites,
Que tes fruits odorants ont des larmes de miel,
Que ton soleil fleurit dans le jardin du ciel.
Quand ils naissent, avant que leur regard s'allume,
Ils sont déjà vêtus ou de poil ou de plume;
Tu leur as prodigué des duvets, des toisons,
Pour abriter leur corps des changeantes saisons.
Ils grandissent, choyés par ta main qui les berce,
Sur la terre féconde où la semence perce,
Dans les prés pleins de sucs toujours frais et nouveaux,
Dans les bois opulents qui poussent sans travaux.
Pour avoir à foison ce que chacun préfère,
Ils n'ont qu'à se baisser, à prendre, et rien à faire.
Heureux! Car tu n'as pas voulu leur dispenser,
Comme à nous, tes maudits, le besoin de penser.
De tous tes faux présents c'est là le plus funeste!
Mais nous avons encor d'autres malheurs du reste.
Lorsque l'enfant paraît dans ce monde inconnu,
Cependant que sa mère agonise, il est nu.
Bleui, couvert de sang et d'ordure, il arrive
Comme un marin noyé rejeté sur la rive.
Où sont donc tes bontés pour lui dans ce moment?

Aussi, son premier cri, c'est un vagissement
Lugubre, comme si dans les choses futures
Il voyait ce qu'il doit endurer de tortures.
Ah! qu'il pleure, qu'il pleure encor, l'infortuné!
On ne peut trop gémir du malheur d'être né.
Le voilà qui grandit lentement, laid, débile,
Acre de sang, rongé d'humeurs, pétri de bile,
Plein de gourme au dehors et de fièvre au dedans,
Souffrant comme un damné rien qu'à faire ses dents.
Il faut l'entortiller de maillots et de langes
Ainsi qu'une momie. Il a des maux étranges :
La rougeole qui met son sang à fleur de peau,
Le croup qui dans sa voix fait râler un crapaud,
Et les convulsions qui tordent sa carcasse
Comme des branches d'arbre au vent fou qui les casse.
Un rien le rend mourant. Pour peu qu'il ait été
Ou cinglé par l'hiver ou mordu par l'été,
Il faut le rétablir à coups de médecines.
Les moindres voluptés pour lui sont assassines :
Le plaisir de courir les membres découverts,
De barboter dans l'eau, de manger des fruits verts,
De jouer, c'en est plus qu'il ne faut pour le mettre
Sur le flanc. Malgré tout, il vit. Alors un maître
S'empare de sa vie. Un supplice nouveau
Commence. Sans relâche on meurtrit son cerveau;
On laboure en tous sens sa mémoire obsédée

De sillons douloureux où doit germer l'idée.
On use à ce travail ses jours d'adolescent.
Puis la jeunesse arrive et le tourmente. Il sent
Mille désirs confus s'éveiller dans son âme,
Des espoirs insensés, des passions de flamme,
D'inextinguibles soifs qu'il ne peut étancher,
Comme un martyr brûlé vivant sur un bûcher.
Son sang fiévreux, qui bout comme une lave épaisse,
Roule l'âpre besoin de propager l'espèce,
Et le fait se ruer aux griffes de l'amour
Qui roucoule en colombe et dévore en vautour.
Il est jaloux, trompé, torturé. Plus il aime
Et plus il souffre. Aimé, son cœur gémit quand même ;
Dans son bonheur présent il songe au lendemain,
Et ses plus belles fleurs se fanent dans sa main.
Car, pour ronger sa joie à peine commencée,
Il porte en son cerveau le ver de la pensée
Il pense. Il veut savoir. Il fouille au fond de tout,
Et pour trouver le doute abominable au bout.
Comme un enfant perdu dans une forêt sombre,
Il chemine à tâtons, pleurant, les yeux pleins d'ombre.
Le front meurtri par les arbres aux rudes nœuds,
Les doigts ensanglantés aux buissons épineux,
Parmi les hurlements des loups, les bruits funèbres,
Dans le fourmillement des profondes ténèbres
Où ricanent des voix, où partout l'on se sent

Frôlé par les cheveux d'un spectre grimaçant,
O terreur! Et c'est toi, Nature, qui lui causes
Ces épouvantements dans la forêt des choses;
C'est toi qui l'as perdu dans ce carrefour noir,
En lui donnant des yeux qui n'y peuvent rien voir.
Écrasé sous le poids de l'ombre qui l'accable,
Il cherche à s'expliquer ce monde inexplicable;
Et plus il cherche, moins il trouve. Et cependant
Il n'y renonce pas. Car dans son cœur ardent,
A mesure qu'il va, ta main cruelle enfonce
Ainsi qu'un aiguillon l'espoir d'une réponse.
Quand tu l'as bien piqué de cet espoir trompeur,
Alors avec tes yeux de Sphinx tu lui fais peur
En ramenant sur toi ta robe de mystère.
Il reste anéanti, la face contre terre,
Affamé de comprendre encor, mais voyant bien
Qu'il aura beau penser, il ne comprendra rien.
Il songe à l'Infini troublant que tu lui voiles.
Il ne peut sans pâlir regarder les étoiles.
Il imagine un Dieu terrible et tout-puissant
Et donne à ce bourreau le meilleur de son sang.
Ah! s'il avait du moins les loisirs de la bête,
S'il pouvait, sans porter d'autres soucis en tête,
Se livrer tout entier au besoin de savoir,
Peut-être, malgré tout, qu'il finirait par voir!
Mais non. Pour le frustrer de sa dernière joie,

Au labeur incessant tu veux qu'il soit en proie.
Tu ne lui donnes pas à manger dans ta main,
A lui! Tu ne mets pas le long de son chemin
De quoi lui composer sans peine sa pâture.
Tu ne l'aimes pas, lui! Mère avare, ô Nature,
Le pain qu'il doit manger et que ses doigts feront,
Tu veux qu'il soit trempé des sueurs de son front.
Et, dure jusqu'au bout, pour que ta main le lâche
Il faut qu'il te l'arrache en crevant à la tâche.
Crever est doux encor, quand on crève d'un coup.
Qu'un beau matin mon chef aille choir de mon cou,
C'est la mort qu'il me faut, et je vote pour elle.
Mais tu nous fais mourir à petit feu, bourrelle!
Après avoir été martyrs, nous voici vieux.
La flamme et la chaleur s'éteignent dans nos yeux.
Le coton sourd des ans s'amasse en nos oreilles.
Notre goût, notre nez, se font veules. Pareilles
Aux échalas fouettés par le vent, aux fuseaux,
Vont nos jambes. Le froid nous grimpe au fond des os.
Goutte à goutte le sang sèche dans nos artères.
Nos poils sont englués au pus blanc des cautères.
Notre crâne est tout nu. Notre peau flasque pend.
Nos doigts paralysés, aux choses s'agrippant,
Ne savent plus porter les mets à notre bouche
Que la toux fait vomir et que la morve bouche.
Nous bavons, nous allons pissant sur nos genoux

Et laissant s'évader notre fiente sous nous,
Jusqu'à l'heure où, la mort râlant dans nos poitrines,
Nous retombions en toi comme on tombe aux latrines.
Non, non, qui que ce soit qui t'ait donné ce nom
De mère, il a menti. Non, ce n'est pas vrai, non,
Tu ne mérites pas que l'homme t'idolâtre.
L'homme ne te doit rien. Tu n'es que sa marâtre.
Mais nous nous vengerons de tant de cruautés.
Déjà les animaux, tes chéris, sont domptés.
On leur a mis le joug, les brides, les entraves.
Nous en faisons, de ces fainéants, nos esclaves.
Ah! tu les nourrissais, bercés dans ton giron!
Tu travaillais pour eux! Pour nous ils trimeront!
Mais ce n'est pas assez de vaincre cette engeance.
C'est de toi-même aussi qu'il faut tirer vengeance.
Misérable! Ah! tu ris de nous avoir donné,
Pour que notre bonheur en fût assassiné,
La raison; et cela te distrait et t'enchante
De voir nos doigts coupés par cette arme tranchante
Quand nous la manions dans les ténèbres! Oui,
Notre sang a longtemps coulé; mais aujourd'hui
Nous savons nous servir du glaive à lame torse,
Et nous l'avons saisi par la poignée ; à force
De le frapper aux murs du noir cachot, le fer
Jette tant de lueurs que nous y voyons clair;
Et le rire a cessé sur ta face hagarde;

Car c'est contre ton cœur que nous tombons en garde.
Et nous avons alors étudié tes lois
Monstrueuses, qui nous effaraient autrefois ;
Nous avons à son tour torturé la matière ;
Nous avons mis le front de cette reine altière
Sous nos pieds ; nous avons forcé tes éléments
A s'accoupler pour nous dans nos creusets fumants ;
Nous t'avons dit sans peur que nous n'étions plus dupes,
Et notre main profane a relevé tes jupes.
Et ce n'est pas fini, vieille gueuse ! Nos yeux
Veulent se promener, lascifs et curieux,
Dans les mille replis de ta chair inconnue.
Nous te mettrons un jour, Nature, toute nue.
Nous te déchirerons ta chemise et tes bas
Pour voir ce que tu vaux du haut jusques en bas.
Nous sommes des petits, des riens, de la vermine
Que la peste détruit, que la guerre extermine ;
Et toi, la toute-grande au sourire outrageux,
Tu crois que nos clameurs terribles sont des jeux !
Mais la vermine est forte et travaille dans l'ombre.
Elle a la patience, et le temps, et le nombre ;
Elle livre à ta chair d'insensibles assauts ;
Elle envahira tout, ton sol, ton air, tes eaux ;
Et pour ces poux grouillant dans les poils de la Terre
Tes plus secrets appas n'auront plus de mystère.
Et ce ne sera pas encor tout ! Quand nos yeux

Se seront bien repus de toi, nous ferons mieux ;
Car nous te rongerons fibre à fibre, vivante.
Ton corps mis en morceaux connaîtra l'épouvante
D'être broyé, mâché, trituré, digéré,
Et d'aller se dissoudre en nous. Ton corps sacré,
Ton corps divin, ainsi qu'une infecte matière
Après nos estomacs aura pour cimetière
Nos intestins. Alors tous nos anciens affronts
Seront enfin vengés, et c'est nous qui tirons
A pleine gorge ; et l'on verra ce qu'il faut croire
De ta grandeur, de ta majesté, de ta gloire,
Déesse dont les yeux étaient des firmaments,
Quand tu ne seras plus qu'un paquet d'excréments.

III

PROGRÈS

Oui, la croyance aux Dieux subsiste encor, tenace.
On a beau s'en guérir, toujours elle menace
De reparaître, ainsi que les vieux maux secrets.
Voici qu'un Dieu nouveau nous ronge : le Progrès.
O mon temps, toi qu'on dit sans foi, toi qui contemples
D'un œil sûr le ciel vide, ô détrousseur de temples,
Brûleur de livres saints, démolisseur d'autels,
Sacrilège hardi qui pris les Immortels
Flamboyants au milieu des foudres usurpées
Et qui crevas le ventre à ce tas de poupées,
Pourquoi donc te voit-on t'agenouiller aussi,
Toi, le vainqueur des Dieux, adorer celui-ci,
Avoir tes dogmes, tes mystères, tes apôtres,
Et ta religion bête comme les autres ?
Le Progrès ! Oui, grand fou, sous ce titre nouveau
C'est toujours Dieu qui vient te hanter le cerveau,
C'est toujours la stérile et dangereuse idée

Dont ton âme d'enfant fut jadis obsédée.
Sans le savoir, tu crois encor. Écoute bien :
Que l'Idole se fige en fétiche nubien,
Qu'elle cherche à cacher sa figure de sphinge
Sous le mufle du bœuf ou le museau du singe
Comme en Égypte, qu'elle arbore noblement
La face humaine ainsi que sous le ciel charmant
De la Grèce et de l'Inde, où la larve maudite
Prend la voluptueuse allure d'Aphrodite
Et l'héroïque aspect du vertueux Brahma,
Qu'elle soit tout le bien et le beau qu'on aima,
Qu'elle revête enfin sa forme la plus belle,
Et, pour toucher à fond le cœur qui se rebelle,
Pour émouvoir ceux-là qu'on ne peut convertir,
Qu'elle apparaisse dans le Dieu pauvre et martyr,
Dans Jésus-Christ, ou bien qu'elle se subtilise,
Se raffine, et devienne, en dernière analyse,
Une abstraction pure, un mot, sous tout cela
Elle est toujours l'Erreur qui nous ensorcela,
La mangeuse d'esprit, l'ennemie éternelle,
La Chimère, l'Idole, et si tu crois en elle,
Si tu suspends ta vie à son œil décevant,
Si tu prends pour quelqu'un ce rien rempli de vent,
Sous son masque d'idée ou son masque de plâtre
Tu crois encore à Dieu : tu n'es qu'un idolâtre.
Le Progrès, c'est la foi dans un but assuré.

Tu marches en disant : « Un jour j'arriverai
« Quelque part; j'entrevois une halte possible;
« Je vais comme une flèche en route vers la cible;
« J'en approche aujourd'hui; j'y toucherai demain;
« Et la perfection est au bout du chemin. »
Mais alors il te faut une Loi nécessaire,
Un Ordre par lequel le monde se resserre
Pour s'absorber ainsi qu'une sphère en un point;
Et ce centre, tu le sais bien, n'existe point
Sinon au sein d'un Dieu que l'esprit imagine,
En qui tout a sa fin comme son origine.
Tu peux l'appeler Force ou Nature, à ton gré,
Et voiler sous des mots obscurs chaque degré
Que tu gravis vers lui, lâche. Je te défie
De le noyer aux flots de ta philosophie.
Quand tu l'auras nommé comme tu l'as voulu,
Il restera toujours l'Infini, l'Absolu.
Tu ne le perdras pas dans ces métempsychoses :
C'est la Cause première où remontent les causes.
Les Causes et les Lois te tiennent prisonnier.
Les Causes et les Lois, c'est ce qu'il faut nier,
Si tu ne veux pas croire en Dieu. Prends pour princip
Que tout ordre, une fois qu'on l'admet, participe
A prouver Dieu. Dès lors sache voir l'Univers
Autrement que comme un poème dont les vers
Sont écrits par quelqu'un pour dire quelque chose

Descends au fond de ta négation. Cherche, ose
Formuler ta pensée et choisir le Hasard
Pour unique raison de ce monde sans art.
Ne crains pas d'affirmer qu'avec assez d'étude
On verrait que les Lois ne sont qu'une habitude
Dont l'aspect éternel et la sublimité
Sont un effet d'optique à notre œil limité.
La plus haute des Lois, celle par qui les astres
Nous paraissent régis à l'abri des désastres,
Ne dure qu'un moment sans doute dans le cours
Du temps sans borne ; nous, dont mille ans sont plus courts
Qu'un éclair, nous avons pour la croire infinie
Notre brièveté qui fait son harmonie.
Mais je conçois sans peine, en quelque autre moment
Du Monde, que le Monde ait pu vivre autrement.
Ainsi je m'imagine une habitude inverse,
Les choses en tous sens fuyant à la traverse,
Se dispersant au lieu de s'attirer. Les corps
N'existent plus ; le ciel a changé de décors ;
La lumière s'éteint et la chaleur s'arrête ;
Rien ne peut s'attarder sous la forme concrète ;
Tout s'éloigne de tout et va se divisant ;
Et le Monde ordonné qui fleurit à présent,
Les soleils blancs, les bleus, les rouges et les jaunes,
Tous ces incendieurs flamboyants sur leurs trônes,
Tous ces victorieux drapés dans leurs habit-

Tissus de diamants, de saphirs, de rubis,
Tous ces rois dont les rais comme des baïonnettes
Ensanglantent le ventre arrondi des planètes,
Tous ces grands créateurs des éléments divers
Et des forces d'où naît et vit notre univers,
Tout cela cesse d'être encor possible ; l'âme
De cet autre univers nouveau n'est plus la flamme
Qui fond et réunit les atomes épars ;
Maintenant, c'est la nuit, la nuit de toutes parts
S'épaississant tandis qu'à travers l'étendue
Les choses sont en proie à la fuite éperdue,
Les atomes épars évitant le baiser
Par qui leur être joint pourrait s'organiser ;
Dans cette nuit sans fond tout cherche à se dissoudre,
Et le monde n'est plus qu'un tourbillon de poudre.
Eh bien ! dans cet état de choses différent
Que deviennent nos lois ? Quel principe les rend
Nécessaires ? Vraiment il faut n'être pas sage
Pour n'y point reconnaître un aspect de passage,
Et pour trouver un ordre immuable, absolu,
Ayant l'air d'un plan fait et d'un décret voulu,
Dans ce concours fortuit de rapports éphémères.
Non, les effets n'ont pas dans les causes des mères
Qu'un souffle intelligent féconde. L'appareil
Des Causes et des Lois qu'on croit voir est pareil
Aux châteaux merveilleux aux Babels colossales,

Avec leurs murs, leurs tours, leurs dômes et leurs salles,
Qu'on admire au soleil couchant dans les vapeurs,
Et dont l'architecture et les trésors trompeurs
Ne sont pas dans le ciel, mais bien dans nos pensées.
Non, la Vie et la Force au hasard dispensées
N'ont pas besoin qu'on leur suppose le pouvoir
D'une âme. Ce qui est se meut pour se mouvoir.
Mais la marche est sans but; personne ne la mène.
Tout change, tout devient, car tout est phénomène,
Les Causes et les Lois comme le reste. Au fond,
Sous le cours fugitif des êtres qui se font
Et se défont, sous la figure transitoire
Des rapports exprimés dont les Lois sont l'histoire,
Si quelqu'une paraît vivre éternellement
Et dit : « Je suis la Loi, l'Absolue » elle ment.
Pour faire concorder l'apparence infinie
Du monde, et son aspect momentané qui nie
Cette apparence, il faut en dernier examen
Conclure qu'aujourd'hui, comme hier, comme demain,
Il n'y a que ceci dans le temps et l'espace :
La Matière qui dure et la Forme qui passe.
O mon siècle, je sais, tu jettes un coup d'œil
Plein de regrets amers et de larmes de deuil
Sur tes illusions et sur tes découvertes;
Tu te croyais entré, toutes portes ouvertes,
Au temple défendu d'Isis; pour une loi

Ou deux dont tu connais la formule et l'emploi,
Pour avoir calculé du fond de ta caverne
La valeur du petit soleil qui nous gouverne,
Pour quelques éléments domptés, tu te sacrais
Vainqueur de la Nature et roi de ses secrets ;
Tu te disais : « Encore un peu de patience !
« Espérons ! l'heure est proche où j'aurai la science
« Complète, où je pourrai faire tout à mon gré
« Et remplacer ce Dieu que j'ai tant dénigré. »
Et voilà que l'on vient t'arracher à tes rêves,
T'affirmer que les Lois éternelles sont brèves,
Et qu'il faut renoncer au fruit de tes travaux
Si longs, à ta foi jeune, à tes espoirs nouveaux ;
On vient souffler sur tes conquêtes merveilleuses
Comme si ces flambeaux n'étaient que des veilleuses ;
On vient effrontément nier tout ton pouvoir,
Te dire que tu crois en Dieu sans le savoir,
Et, pour mettre à néant ta dernière allégresse,
T'enseigner que tout change et que rien ne progresse !
Hélas ! oui, pauvre ami, je ne l'ignore pas,
Le vin de ton erreur a pour toi plus d'appas
Que l'eau claire de ma logique. Tu t'enivres
A l'abreuvoir banal des journaux et des livres
Qui te gonflent avec l'espoir empoisonneur
Que tu vivras demain dans le parfait bonheur.
Ton poète, un écho qui se croit un prophète,

Chante depuis trente ans l'approche de la fête.
Tous, même les plus forts, vous avez hérité
De sa folie. Eh bien! voici la vérité,
Telle que je la sens, et je la dirai telle :
Si tu veux croire en Dieu, croire en l'âme immortelle,
Si ces faux biens perdus t'inspirent des regrets,
Si tu crains le Néant, alors crois au Progrès;
Mais au contraire, crois au Hasard qui varie,
A la Matière immense incessamment fleurie
De changements sans fin et sans but, aux effets
Ni pires ni meilleurs et toujours imparfaits,
Crois à cela, si tu te sens fort et de taille
A narguer tous les Dieux et leur livrer bataille,
Si tu n'es plus d'amour céleste infatué,
Si tout respect humain dans ton cœur est tué,
Si tu sais sans pâlir regarder face à face
La Mort comme un néant où tout l'être s'efface,
Si tu réponds de toi jusqu'au dernier moment,
Si tu veux être athée imperturbablement.

XI

LES VIEUX ASTRES

XI

LES VIEUX ASTRES

Noyé dans les vapeurs d'une brume rougeâtre,
Le Soleil sur Paris se levait triste et lent,
Plus faible qu'un tison resté d'hier dans l'âtre
Que ranime une vieille accroupie et soufflant.

Comme un fiévreux transi qui se débat en rêve,
Il tâchait d'arracher son linceul de brouillard,
Et, par les trous béants des lambeaux gris qu'il crève,
Sa lumière coulait, pâle sang de vieillard.

La Terre regardait, hébétée, éblouie,
Comme une courtisane éveillée à demi

Qui bâille, le cuir gras, la paupière blemie,
Lasse d'avoir bu trop et d'avoir mal dormi.

Ainsi le vieux Soleil, ainsi la vieille Terre,
Sous l'aurore sinistre où s'engluaient leurs yeux,
Agonisaient; et dans l'espace solitaire
J'ouïs se lamenter ces moribonds des cieux.

LE SOLEIL ET LA TERRE

« O mon épouse, ô ma maîtresse,
Pauvre Terre au front abattu,
Te souviens-tu de notre ivresse
Des temps passés, t'en souviens-tu ?
Quand dans l'azur clair et sans ride
J'agrafais ma riche chlamyde
Aux plis d'argent fondu splendide
Qui t'embrasaient de rayons blancs,
Tu voyais flamboyer ma face
Et dans l'éblouissant espace
Aux baisers de l'amant qui passe
Tu sentais se gonfler tes flancs.

— Quelle est donc cette voix qui râle?
Est-ce toi, Soleil, ô mon roi ?
Hélas ! sous ta caresse pâle
Mon front livide reste froid.
Laisse-moi ! Que la mort jalouse
Au fond de l'infini me couse !
Je ne suis plus ta jeune épouse
Et tu n'es plus mon jeune amant.
L'azur, notre ancien sanctuaire,
Me semble un caveau mortuaire
Où sous les plis lourds du suaire
Nous frissonnons lugubrement

— O Terre, souviens-toi quand même :
Ne reste pas sourde à ma voix.
Il n'est plus personne qui m'aime,
Et tu m'aimais tant autrefois !
Malgré la vieillesse ennemie,
Réveille-toi, belle endormie !
Si tu n'es plus qu'une momie
Et moi qu'un lampion sans feu,
Avant que la mort nous entraîne
Rappelons-nous l'heure sereine
Où la Terre était une reine,
Où le Soleil était un dieu.

— Nous ne savions rien de la vie
Alors, nous étions triomphants,
Le regard pur, l'âme ravie,
Gais comme les petits enfants.
Vêtus de printemps et d'aurore,
Nous ne connaissions pas encore
Que le vieux père Temps dévore
Ses pauvres fils les univers ;
Nous vivions sans croire qu'on souffre,
Dans le jardin du ciel, ce gouffre,
Toi papillon d'or et de soufre,
Moi fleur brune aux pétales verts.

— Oh ! qu'un nouveau cycle renaisse
Pour nous rendre un nouveau destin,
Pour que notre fraîche jeunesse
Recommence un autre matin,
Pour que le bois, le mont, la plaine,
La campagne de moissons pleine,
La brise à l'odorante haleine,
Les flots bleus sous le ciel vermeil,
Pour que la nature infinie
Dans une éclatante harmonie
Chante encor l'union bénie
De la Terre avec le Soleil !

— Par les cimes, par les nuées,
Nous échangions des baisers d'or ;
Mais ces lèvres exténuées,
Quand pourrons-nous les joindre encor ?
Maintenant les cimes sont nues.
Plus de lumière dans les nues,
Plus de chants ! Des voix inconnues
Braillent dans l'air qui fume et bout.
C'est le cri de la ville immense,
Plein de blasphème et de démence ;
C'est le travail qui recommence,
Et voici que l'homme est debout. »

✸

En effet, au milieu de la campagne morte,
Énergique et vivant, Paris s'était levé.
Comme de l'eau bourbeuse et qu'un torrent emporte,
Des flots d'hommes déjà roulaient sur le pavé.

Las d'hier, le front lourd, les bras noirs, la peau hâve,
A l'œuvre, ouvrier, va ! Le travail carnassier.

Pour graisser sa machine avec ton sang d'esclave,
Tord tes muscles de chair dans ses muscles d'acier.

Mais, pour prix des sueurs dans ces prisons infâmes,
Entendez-vous la voix que le monstre excité
Fait ronfler dans sa gorge en vomissant des flammes?
C'est un hymne d'orgueil que rugit la cité.

L'HOMME

« A moi les cieux, la terre et l'onde!
Pas de remords et pas d'effroi!
Moi, l'Homme, atome dans le monde,
Du monde je veux être roi.
Qui me gêne, je le rature.
J'ai, pour y chercher ma pâture,
Ouvert le ventre à la Nature.
Tous ses biens, je le ai pillés.
La marâtre a fait la cruelle!
J'ai lutté, je suis plus fort qu'elle,
Ses éléments et leur séquelle,
Et sur son front j'ai mis les pieds.

LES VIEUX ASTRES

J'ai dit aux montagnes hautaines
D'aplatir leur dos sous ma main,
Ou bien qu'à travers leurs bedaines
Je ferais passer mon chemin.
Au rauque Océan qui m'arrête
J'ai dit que la vague fût prête
A courber sa superbe crête
Sous mes noirs steamers sans agrès.
J'ai dit à la foudre insensée
Qu'au lieu d'être sur moi lancée,
Elle porterait ma pensée,
Comme une esclave, où je voudrais.

Je saurai la raison entière
De ce qui me reste à savoir.
Toutes les lois de la matière
Obéiront à mon pouvoir.
Dans sa retraite, ciel ou terre,
Je forcerai chaque mystère,
Et nul ne pourra plus se taire
Ou répondre en mots décevants.
Je verrai l'infini sans voiles,
Et, pour monter jusqu'aux étoiles,
Au timon de mon char de toiles
J'attellerai les quatre vents.

S'il faut changer l'axe des pôles,
Plus fort que le géant Atlas
Je porterai sur mes épaules
Tout l'univers sans dire hélas.
Moi, le maigre nain, j'imagine
Des crics à levier de machine
Autrement sûrs que son échine
Et ne ployant sous aucun faix.
Je trouverai des forces neuves.
Encor quelques siècles d'épreuves,
Et je tiendrai toutes mes preuves
Et mes rêves seront des faits.

Car tout ce que je veux, je l'ose,
Et je veux tout. Dans mon creuset
Je brûlerai l'Être et la Chose
Pour refondre ce qui s'usait.
La Nature y mourra ! Qu'importe ?
Eh ! quand la vieille serait morte,
La race humaine est assez forte
Pour se passer des anciens cieux
Que tout s'éteigne ! Je sais faire
De la chaleur, de la lumière ;
J'arrondirais une autre sphère
Et j'allumerais d'autres cieux.

Donc, au travail, sans paix ni trêve!
Arrachons lambeau par lambeau
Tous les secrets. La vie est brève;
Mais on se transmet le flambeau.
Sous les calculs de ma cervelle
Déjà le monde se nivèle
Et prend une forme nouvelle.
Lorsque j'aurai changé l'emploi
De tout ce vieux chaos immonde
Que je pétris et que j'émonde,
Alors dans le temple du monde
Il n'y aura qu'un Dieu : c'est moi. »

La Nuit vint. La négresse aux mamelles funèbres
Noya l'air obscurci sous son lait de ténèbres
Et ferma l'horizon de ses pesants baisers.
Et l'on n'entendit plus dans les cieux apaisés
Ni les cris du Soleil ni les pleurs de la Terre.
Seul, l'Homme, enflé de son orgueil qui déblatère,
Acharné malgré tout à son travail ardent,
Continuait son bruit dans l'ombre en clabaudant

Et tâchait à créer sa lumière nouvelle
Avec ses feux tremblants que le vent échevèle.
Une étoile soudain fleurit les noirs sillons,
Puis deux, puis trois, puis mille, et puis des millions,
Émeraudes, rubis, topazes fabuleuses,
Poudre de diamant qui fait les nébuleuses
Et dont chaque parcelle est tout un univers.
Avec ses éléments combinés et divers ;
Et j'entendis alors dans l'infini physique
Une silencieuse et terrible musique
Auprès de quoi la voix de l'Homme mécréant
Ne semblait que l'écho de l'écho du néant.
Les étoiles chantaient cet éternel cantique
Qui dit que la Matière est neuve, bien qu'antique,
Et n'a pas d'origine et n'aura pas de fin,
Mais que tout est fugace et que rien n'est divin.

LES ÉTOILES

« Homme, larve, avorton, qu'est-ce que tu ronronnes,
Blotti près du soleil comme un chat près d'un feu ?
Crois-tu nous effrayer de clameurs fanfaronnes ?
Crois-tu que ton haleine ait terni le ciel bleu ?

Parce que ta raison sait combiner des chiffres,
Tu veux que l'Univers te vénère à genoux.
Parce que de mots creux et d'orgueil tu t'empiffres,
Tu penses blasphémer en rotant contre nous.

Donc tu cambres tes reins et tu raidis ta force
Pour embrasser le Monde entre tes maigres bras.
Toi qui n'es rien qu'un ver dans le trou d'une écorce,
Tu dis que nous mourons et que toi tu vivras.

Donc avec la pitié d'une victoire altière
Tu veux bien nous laisser encor quelques répits,
Après quoi tu prendras dans tes doigts la Matière
Pour créer à nouveau les êtres décrépits.

Eh bien ! quoique tes mains aient déchiré nos voiles
Et touché les portants du céleste décor,
Ta science de nain fait rire les étoiles.
Sous tout ce que tu sais, tu ne sais rien encor.

Tu juges un ensemble aux mystères sans nombre
A travers un regard de ton œil obscurci.
Si tu pouvais sortir un moment de ton ombre,
Tu verrais le secret des choses, que voici.

Ni toi, ni nous, ni qui que ce soit, n'est le maître
De changer ce qui est, qui n'est ni mal ni bien.
Tout roule où le Hasard sans but veut le permettre,
Pauvre éphémère, pauvre atome, pauvre rien.

La nature ne vit que de métamorphoses.
Elle marche toujours et ne s'arrête pas
Dans le chemin fatal des effets et des causes,
Où la naissance, ainsi que la mort, n'est qu'un pas.

Chaque chose paraît quand elle forme un être
Et s'en va quand le sort de l'être est révolu.
Mais tout naît pour mourir et tout meurt pour renaître.
Rien de ce qui devient ne devient absolu.

Certe, il faut que la Terre à son tour passe et meure.
Elle n'est pas sans fin puisqu'elle n'est qu'un corps.
Sous la neige des ans sa flamme intérieure
Ou s'éteindra dedans ou coulera dehors.

Ses forces décroîtront d'heure en heure, une à une.
Elle perdra ses bois, ses fruits, son eau, son air,
Et deviendra pareille à la lugubre Lune,
Un cadavre d'étoile, un squelette sans chair.

Elle ne verra plus si le ciel la regarde.
Elle n'entendra plus l'existence et son bruit.
Elle conservera sur sa face hagarde
Le silence éternel dans l'éternelle nuit.

Le Soleil usera son foyer solitaire.
Ses rayons pâlissant, il pâlira comme eux.
Sa carcasse assombrie aura l'air d'une terre.
Il sera triste et noir comme un charbon fumeux.

Peut-être qu'il ira, planète vagabonde,
Tourner alors lui-même autour d'un autre point,
Entraînant avec lui tout votre petit monde
Vers ce Soleil nouveau que vos yeux ne voient point,

Jusqu'au jour où, cessant d'être une forme entière,
Tombant on ne sait où, partout et nulle part,
Tout cela flotte, au sein de l'obscure Matière
Où dorment les Chaos qu'éveille le Hasard.

Si ces corps merveilleux, dont la durée est telle
Qu'ils semblent infinis à tes regards béants,
Ne sont pas assurés d'une vie immortelle,
Si la destruction mine tous ces géants,

Comment peux-tu te croire une autre destinée,
Toi dont le jour s'éteint aussitôt qu'il paraît ?
Pourquoi redresses-tu ta tête mutinée
Et veux-tu fuir tout seul l'inévitable arrêt ?

Sois donc moins orgueilleux, étant plus éphémère.
Ne vois pas l'Univers dans le creux de ta main,
Parce que tu te sens maître et roi chez ta mère,
La Terre, qui t'a fait son petit Benjamin.

Songe que tu n'es rien auprès d'elle, ô fantôme,
Et qu'elle-même auprès de nous n'est rien non plus,
Et que le Tout ne peut tenir dans un atome,
Et qu'il n'existe pas de concrets absolus.

Il faudrait arrêter le Temps, borner l'Espace,
Pour qu'un être absorbât tout l'être dans son moi.
Or l'Espace à jamais court sous le Temps qui passe.
Ainsi, ne te mets pas la cervelle en émoi !

Tu n'y peux rien changer ; tes destins sont les nôtres.
Seule la Matière est, sans bords et sans milieu.
Tu ne seras pas Dieu, pas plus toi que les autres.
Le Monde n'a point d'âme et personne n'est Dieu. »

ÉPILOGUE

AU CHRIST FUTUR

ÉPILOGUE

AU CHRIST FUTUR

Écoute, toi qui dois venir...! Car, j'en suis sûr,
Tu viendras. C'est en vain qu'aux gouffres de l'azur
J'ai dardé les éclairs de ma torche livide
Dans les derniers recoins pour en montrer le vide;
C'est en vain que, prenant mes frères par la main,
J'ai conduit leur esprit jusqu'au bout du chemin
Où la pente de la logique nous entraîne,
A la négation radicale et sereine;
C'est en vain que partout, en tout temps, en tout lieu,
J'ai traqué le concept multiforme de Dieu
Sous ses dehors grossiers et ses aspects mystiques.
Que j'ai brisé d'abord les Idoles antiques,
Puis étouffé dans l'œuf les Dogmes rajeunis
Dont la couvée allait chanter au bord des nids;

C'est en vain qu'à travers ses figures sans nombre
Anéantissant Dieu, tuant jusqu'à son ombre,
J'ai, pour faire avorter ses futurs avatars,
Du ventre du possible arraché leurs têtards;
C'est en vain que j'ai vu lui, sa gloire et ses crimes,
Roulés dans le linceul solide de mes rimes
Comme un enseveli bien cousu dans ses draps;
C'est en vain, c'est en vain! Malgré tout, tu viendras.

Tu viendras, quand le dernier songe
De notre orgueil infatué,
Vomissant son dernier mensonge,
Sera décidément tué;
Quand notre science enfin lasse
Dira qu'en vain l'on se prélasse
Dans l'espoir fugace et fallace
D'un progrès toujours incomplet;
Quand la chercheuse race humaine
Faisant le tour de son domaine
N'y verra plus rien qui la mène
Au rêve où son cœur se complaît;

Quand sur la route de la vie
Allant sans s'arrêter jamais,
Après chaque côte gravie
Découvrant de nouveaux sommets,
Les jarrets lourds, le front en nage,
Elle aura refait d'âge en âge
L'inutile pèlerinage
Sans que les tournants du chemin
Aient à sa marche endolorie
Jamais montré l'hôtellerie
Blanche sous sa treille fleurie,
Toujours promise pour demain;

Quand de cet Océan sans bornes
Où son désir s'est embarqué
Elle saura que les flots mornes
Ne doivent point trouver de quai,
Mais que sur l'éternelle houle
Qui tantôt monte et tantôt croule
Il faut suivre le flux qui roule
De lui-même se reformant,
Sans que les nefs désemparées
Au gré des vents et des marées
Puissent jamais être amarrées
Dans un port tranquille et dormant!

LES BLASPHÈMES

Alors, sa pauvre âme assagie
N'ayant plus pour suprême objet
L'irréalisable magie
De l'âge d'or qu'il se forgeait,
Comme l'Homme, épris du mystère
N'aura pas le courage austère
De se résigner à se taire
Devant ses rêves morts en fleurs,
Comme à l'espérance obstinée
D'une meilleure destinée
Toujours sa tête mutinée
Se redressera dans les pleurs.

Comme a son cœur rongé de bile
Il faudra l'aurore d'un ciel,
Ainsi qu'au nourrisson débile
Il faut un sein sucré de miel,
Comme, en voyant sa longue tâche
A jamais vaine et sans relâche,
Il redeviendra l'être lâche
Qu'il fut dans les siècles maudits,
Comme lui-même par avance,
Vieillard qui retombe en enfance,
Il se livrera sans défense
Aux promelleurs de Paradis

Comme, les yeux voilés de larmes,
Les poings crispés dans ses cheveux,
C'est lui qui par ses cris d'alarmes
Te fera naître de ses vœux,
Sous sa chimère démolie
Retrouvant la route abolie
Qui mène à sa vieille folie,
Ouvrant ton cœur, ouvrant tes bras,
Sachant quels affamés nous sommes
De l'espoir que seul tu consommes,
Consolateur des derniers hommes,
O Christ à venir, tu viendras!

Eh bien! écoute, toi que d'avance on adule,
Toi qu'on désire, toi le futur Benjamin
Des suprêmes amours de ma race crédule,

Toi qui n'auras qu'à faire un signe de la main
Pour voir comme un troupeau de brebis lamentables
Toute l'humanité marcher dans ton chemin,

Toi qui leur montreras les prés et les étables
Où repaître leur faim et reposer leur corps,
Toi de qui l'Évangile aux douceurs charitables

Sera tel qu'un orchestre où de savants accords
Sous le rire perlé des fifres et des flûtes
Étouffent les sanglots et le râle des cors,

Toi qui décréteras l'apaisement des luttes
Et qui feras s'unir tout un monde sauvé
En des processions déroulant leurs volutes

Pour chanter à ta mère un glorieux *Ave*
Et monter avec toi par des routes fleuries
A la conquête du Paradis retrouvé,

Toi qui ne connaîtras ni les ergoteries
Du Pharisien âpre à discuter tes droits,
Ni Pilate exposant ses louches théories,

Ni les gens du prétoire aux cerveaux trop étroits,
Ni la foule haineuse et sa stupide rage
Préférant Barrabas et réclamant ta croix,

AU CHRIST FUTUR

Ni la désertion de ton lâche entourage,
A l'heure du danger les tiens te délaissant
Et Pierre reniant ton nom comme un outrage,

Toi qui ne connaîtras ni la sueur de sang,
Ni l'inutile appel poussé dans l'agonie
Vers le ciel vide et sourd et vers ton Père absent,

Toi dont tous aimeront la parole bénie,
Qui feras des heureux sans faire des ingrats,
Toi qui ne trouveras personne qui te nie,

Écoute, ô dernier-né des Dieux, toi qui viendras !

*

Le mot qu'on jette dans l'espace,
Une fois vivant, ne meurt plus.
C'est en vain que le Temps rapace
Le roule en ses flux et reflux.

Une fois sur ce mot lancée
Dans l'Océan illimité,
Insubmersible, la Pensée
Y vogue pour l'éternité.

La terre, les eaux, l'atmosphère,
Les planètes, le firmament,
Tout peut finir; rien ne peut faire
Qu'elle n'aille éternellement.

Sur les voiles qu'il effiloque
Le vent peut user ses poumons;
Le flot peut enliser la coque;
Dans le sable et les goëmons;

La tempête folle et barbare
Peut sous des écroulements d'eau
Casser les mâts, casser la barre,
Raser la nef comme un radeau;

Mais, qu'elle flotte ou qu'elle échoue,
On n'éteindra plus désormais
Le fanal qui devant sa proue
A troué l'ombre pour jamais;

Rien n'arrêtera dans sa fuite
Cette clarté qui resplendit ;
Car rien ne peut faire qu'ensuite
Ce qu'on a dit ne soit pas dit.

★

Eh bien ! écoute, ô Christ des prochains Évangiles !
Le blasphème, qui va de mes lèvres fragiles
Jaillir pour me survivre impérissablement,
Suffit à m'assurer de ton crucifiement.
Dans l'orgueil triomphal de ta gloire future,
Tu connaîtras par lui l'angoisse et la torture.
Qu'importe tout le genre humain mis sous ta loi ?
Un homme t'aura dit : « Je ne crois pas en toi. »
Et parmi l'hosannah de la foule exaltée
Tu n'entendras plus rien que cette voix d'athée.
Alors, désespéré, sans appel, sans merci,
O Christ, tu souffriras ta passion aussi.
Ces simples mots, dans leur refus blasphématoire,
Seront pour toi Pilate, et les gens du prétoire,
Et la corde liant tes poignets de ses nœuds,
Et la couronne ardente aux rayons épineux,

Et le sceptre moqueur, et la pourpre ironique,
Et les dés des soldats s'arrachant ta tunique,
Et Pierre reniant son maître, et l'abandon
Des tiens, et Laquédem te disant « Marche donc »,
Et l'ascension au Calvaire, longue et lente,
Et les cailloux aigus où ton pied s'ensanglante,
Et les crachats sur ton visage douloureux
Par des fous outrageant celui qui meurt pour eux,
Et la lance à ton flanc, et l'éponge à tes lèvres,
Et le doute final dans les suprêmes fièvres,
Et le râle exhalant vers le vide infini
Son lamentable Eli lamma Sabacthani !
Oui, oui, je te le dis, moi qui ne suis qu'un homme,
De quelque nom sacré que l'avenir te nomme,
Et quand même ce nom en cantiques fervents
Aurait pour le chanter l'orgue des quatre vents,
Oui, oui, je te le dis et je te le répète,
Comme un coup de sifflet s'entend dans la tempête
Et domine à lui seul les flots en hourvari,
Dans ton triomphe tu n'entendras que mon cri ;
Et, malgré le troupeau des blondes Madeleines
T'enveloppant de leurs cheveux, de leurs haleines,
Tu sentiras perler à ton front pâlissant
Les horribles rubis de la sueur de sang.
Oui, oui, tu souffriras tout ce qu'a souffert l'Autre !
Et c'est pourquoi dans mon blasphème je me vautre

Comme un lion s'étend sur sa proie et la mord.
Avant que tu sois né, te condamnant à mort,
Loin de la redouter j'appelle ta venue ;
Car je te vois déjà, les regards dans la nue,
Y cherchant vainement ton rêve en vain rêvé
Que mon blasphème aura par avance crevé ;
Car j'ai tout préparé pour que l'ancien supplice
Avec tous ses détails contre toi s'accomplisse ;
Car j'ai forgé les clous, emmanché le marteau,
En haut du bois infâme accroché l'écriteau ;
Car j'ai fourbi le fer de lance qui te navre ;
Car j'ai dressé la croix où pendra ton cadavre ;
Car c'est pour t'y clouer que je t'ouvre mes bras !

★

Et maintenant tu peux venir, toi qui viendras !

TABLE DES MATIÈRES

SONNET LIMINAIRE	1
A MAURICE BOUCHOR..............................	3
PROLOGUE	11
I. LA VIE..	21
II. SONNETS AMERS...................................	35
Prélude..	37
1. Tes Père et Mère...........................	38
2. Le Bon Temps................................	39
3. Analyse.......................................	40
4. Diagnostic....................................	41
5. Amours purs..................................	42
6. Amours impurs...............................	43
7. Amours fous..................................	44
8. Les Ivresses.................................	45
9. Les Idées.....................................	46
10. Savoir..	47
11. La Tour de Babel..........................	48
12. Le Haleur...................................	49
13. L'Auberge...................................	50

LES BLASPHÈMES

14. La Mort impossible	
15. Vers le mystère	
16. Désir d'Infini	
17. Le Pays des chimères	54
18. Impuissance	55
19. La soif de quoi ?	56
20. Mangeurs d'idéal	57
21. Les vrais savants	58
22. Banco	59
23. Banqueroute	60
24. Alors ?	61
25. Reprise d'espoir	62

III. CARNAVAL ... 63

1. Chahut céleste	65
2. Le Mystère de la Création	70
3. Autre version	72
4. La Nuit	74
5. La réponse du Cyclope	77
6. Bréviaire d'histoire sainte	78
7. Quelle dèche, mon empereur !	79
8. Vers les sommets	81

IV. LA REQUÊTE AUX ÉTOILES ... 83
V. LA PRIÈRE DE L'ATHÉE ... 95
VI. LE JUIF-ERRANT ... 113
VII. L'APOLOGIE DU DIABLE ... 127
VIII. LA MORT DES DIEUX ... 143
IX. LA CHANSON DU SANG ... 193

La Tricoteuse	199
Le Marquis	200
Le Philosophe	202
Le Flibustier	203
Le Goinfre	204
Le Florentin	206

TABLE DES MATIÈRES 243

La Mignote...	207
Le Spadassin...	209
Le Conquistador.......................................	210
Le Pape...	212
Le Turc...	214
La Succube...	216
Le Tourmenté..	218
Le Tourmenteur.......................................	219
L'Escholier..	221
Le Jacques...	223
Le Sorcier...	226
La Forgeronne..	227
Le Roncevalais..	229
Le Bohémien...	230
Le Hun...	233
Les Nomades...	235
Marches Touraniennes.................................	238
Hallali...	262
X. LES DERNIÈRES IDOLES.............................	267
1. Raison...	269
2. Nature...	285
3. Progrès..	302
XI. LES VIEUX ASTRES.................................	314
ÉPILOGUE. — AU CHRIST FUTUR.......................	327

RÉD. :

18

MIRE ISO N° 1
NF Z 43-007
AFNOR
Cedex 7 - 92080 PARIS-LA-DÉFENSE

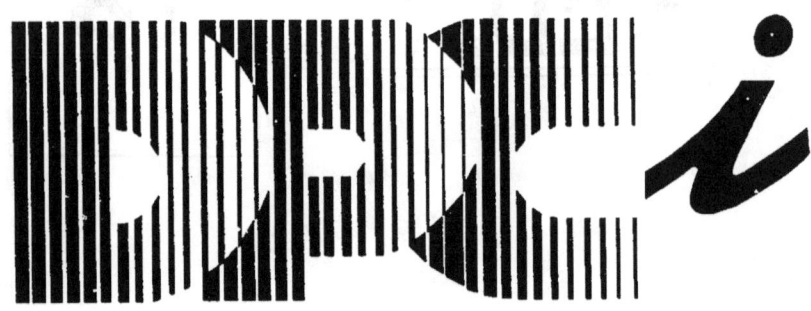

**15, rue Jean-Baptiste Colbert
ZI Caen Nord - BP 6042
14062 CAEN CEDEX
Tél. 31.46.15.00**

RCS Caen B 352491922

Film exécuté en 1992

www.ingramcontent.com/pod-product-compliance
Lightning Source LLC
Chambersburg PA
CBHW072006150426
43194CB00008B/1013